“茅舍槿篱溪曲”

“门外春波荡绿”

踏上回归精神故里寻古探幽的旅程，

感受乡土的温暖与润泽，

体味精神家园的馨香。

国家出版基金项目
NATIONAL PUBLICATION FOUNDATION

“十三五”
国家重点图书
出版规划项目

中国民间文化遗产抢救工程
THE PROJECT TO CHINESE FOLK CULTURAL HERITAGES

中国历史文化名城·名镇·名村丛书

中國歷史文化名城

河北博野

中国民间文艺家协会 / 组织编写
总主编 / 潘鲁生　邱运华
本卷主编 / 郑文林

知识产权出版社
全国百佳图书出版单位
—北京—

积聚海量信息 寻觅科学路径（序一）

邱运华

传统村落保护是当下中国文化遗产保护工作中最重要的社会性课题之一。对于一个具有绵延五千年不间断农业文明的民族来说，传统村落能否得到妥善保护更是一个文明能否传承的关键问题。

传统村落保护是当代社会发展的普遍问题，不独中国社会存在，西方发达国家存在，东方发达国家也存在。从世界范围看，这是一个国家从欠发达到发达、从农业社会过渡到工业社会、从以农村为主体发展到城镇化生活方式过程中普遍存在的问题。有学者把中国农村经济结构改造、社群建设、新文化建设和整体民生改善工作这一进程，追溯到 20 世纪 50 年代。但我以为，它毕竟不是我们现在所处的整体转向工业化、城市化进程中遇到的课题。中国社会同一性质的乡村保护课题，起源还是世纪之交的 2003 年 2 月 18 日“中国民间文化遗产抢救工程”。2012 年 12 月 12 日，住房和城乡建设部、文化部、财政部联合发布《关于加强传统村落保护发展工作的指导意见》，2014 年 4 月 25 日，除上述三部外又增加了国家文物局，联合发布《关于切实加强中国传统村落保护的指导意见》，两次重申传统村落保护的联合行动。冯骥才先生在 2012 年的一篇文章里把传统村落保护提高到文明传承的高度，我认为非常正确。中国社会各界对传统乡村保护的问题，有着非常积极的呼应。

中国是发展中国家，但是从东部、南部和东南部区域看，具有发达国家的基本特征。农村人口从西部向东部、从村落向城镇转移，是 1990—2010 年之间最重要的社会现象，这一巨大的人口变迁集中表现为城镇人口急速膨胀、传统村落急速空心化，不少历史悠久的自然村落仅仅剩下老人和儿童。因此，传统村落的保护在中国面临的问题，与发达国家相比，具有共同性。例如，从“二战”后恢复到工业化时期，德国和日本先后进行的村落更新或改造项目，具有几个明显特征：一是以激发村落内部活力、发展农村经济作为前提，以改造农村基本生活设施作为基础展开；二是村落更新或再造项目以土地管理法令的再研究作为保障；三是建立了学术界论证、公布更新或再造规划、政府支持的财政额度及投入指向、个性化改造方案与村民意愿表达的有效沟通机制，有效保障村落历史文化、自然风景、公共空间与私人空间等要素。综合来看，先行的国家特别注重传统村落的“民间日常生活”保存问题。

所谓“民间日常生活”的具体含义是什么？乃指传统村落村民群体的方言、交往方式、经济生产活动、衣食住行、生老病死、教育、节日活动、传统风俗、民间信仰活动以及区域性的传统手工艺活动等，以及上述种种的精神性、思想性、文化性、艺术性和物质性表现形态。长期以来，中国传统村落之所以成为民族文化的保留者和传承平台，核心在于保存着这个民间日常生活，它的内容和方式，在民间日常生活的基础上，方可承载不同样式、层次的民族文化。

之所以在这里提出“民间日常生活”作为传统村落的文化基础问题，乃是因为看到目前对待传统村落的两种观点具有一定的欺骗性，并不同程度地主宰和误导了传统村落的基本价值指向。一种是浪漫主义传统村落观，一种是商业主义传统村落观。浪漫主义传统村落观把传统村落理想化、浪漫化，仿佛传统村落是用来怀旧的，象征着一切美好的自然与人类的和谐，田园风光，日出而作，日落而息，男耕女织，像是《桃花源记》里的武陵源，“不知有汉，无论魏晋”。但是，这不是民间日常生活；民间日常生活还包含在落后生产力条件下的温饱之苦、辛劳之苦，是传统村落里百姓的生活常态；生产关系之阶级阶层压迫、政治强权和无权地位，以及在自然面前束手无策，在兵灾、匪患和种种欺男霸女面前的悲惨状态，甚至中华人民共和国成立以来出现过的政治压迫、思想禁锢和社会运动之灾，是乡村浪漫主义者无法想象的，而这，就是大多数传统村落的民间日常生活。文人雅士，在欣赏田园风光和依依炊烟之时，能否探入茅舍，去看看灶台、铁锅和橱柜，去看看大量农夫、农妇的身影，他们是否仍然饥饿、寒冷？或者他们的孩子是在劳作还是就学？商业主义传统村落观呢，则直接把传统村落改造成伪古典主义的模板，打造成千篇一律的青砖瓦房，虚构出一系列英雄史诗和骑士传奇，或者才子佳人和神异仙境的故事，两者相嫁接，转化为商业价值或者政绩价值，成为行政或市场兜售的噱头，这一行为成为当下传统村落“保护”的常态。这两种传统村落观，一个共同的特点是把村落与民间日常生活相割裂，抹杀了民间日常生活在传统村落里的价值基础，从而，也直接把世世代代生活于这一场景的村民们赶出村落，嫌他们碍事，妨碍了我们的浪漫主义和商业主义梦想；他们不在场，我们可以肆意妄为地文化狂欢。那些在民间日常生活中久存的精神性的、思想性的、文化性的、艺术性的符号，均不在话下。但是，假如村民不在场，社群活力不再，传统村落如何是活态的呢？西方哲学有一个时髦术语，叫作“主体缺失”，因为主体缺失，因而话语狂欢。

关注传统村落的村民，无疑是中国传统村落保护的第一要素。但恰好是人这第一要素构成了传统村落的凋敝和乡愁的产生。

1990 年至 2010 年这二十年，一些区域传统村落里村民流动性的增强，特别是青壮年村民向东部、东南部和南部沿海地区季节性的流动，极大地影响了这些区域传统村落民间日常生活的展开，减弱了传统村落的社群活力，也相应削弱了传统文化活动的开展。这样，构成传统村落民间日常生活的内容慢慢演变成淡黄色、苍白色，成为一种模糊记忆，抑或转化为一年一度的春节狂欢，最后，演变定格成为日常性质的乡愁。民间日常生活不再完整地体现在现在乡村生活之中。那个完整的民间日常生活，在我们不得不离开它的土壤之后，便蜕变为乡愁。乡愁这只蝴蝶的卵，就是民间日常生活。而伴随着乡愁这只蝴蝶而出现的，却是一个个村落日常生活不断凋敝、慢慢消失。乡愁成为我们必须抓住的蝴蝶，否则，我们的家乡便消失在块垒和空气之中，我们千百年创造的文化便无所依凭。然而，据统计，在进入 21 世纪（2000 年）时，我国自然村总数为 363 万个，到了 2010 年，仅仅过去十年，总数锐减为 271 万个。十年内减少约 90 万个自然村。若是按照这个速度发展下去，三年、五年之后，我们的传统村落便所剩无几了。也就是说，出生和成长在这些村落而现在散居在世界各地的人们，将无以寄托他们的乡愁。若是其中有的村落有几百年、上千年甚至更久远的历史呢？若是其中有的村落有着华夏一个独特姓氏、家族、信仰和其他各种人文景观等呢？

越来越多的学者开始从事传统乡村保护的研究工作，例如《人民日报》2016 年 10 月 27 日发表了《老宅、流转、新生》为题的介绍黄山市探索古民居保护新机制的文章，还配发了题为《古民居保护，避免“书生意气”》的评论；《中国文化报》2016 年 10 月 29 日发表了题为《同乡村主人一起读懂文化传承》的文章，提出了“新乡村主义”的概念，在它的题目之下，包含有乡村治理、乡村重建和乡村产业化的多功能孵化等内容。为此，文章提出了“政府在制定政策方面、标准化编列预算、聘请专家团队和 NGO 组织，进行顶层设计、人才培养、产业孵化和公共服务”四项基本措施，还配发了《莫让古民居保护负重前行》的文章。《光明日报》2016 年 11 月 15 日发表了题为《福建土堡：怎样在发展中留住乡愁》的报道，记叙了专家考察朱熹故乡福建三明尤溪土堡的过程；记者报道了残存的土堡现状，记录下专家们的意见：政府与社会资本合作的“PPP 模式”，面对乡村人口日趋减少的不可逆现实，应该吸引城市中的人回到乡村，将土堡打造为“民宿”，在不破坏现有形制的前提下，实现功能更新。也有专家提出，就保护而言，首先应该考虑当地人，人的利益是优先的，只有做到长期发展而不是只顾短期利益，文化遗产保护事业才能够持续发展，等等。

上述建议，已经超越了简单的乡愁情怀，而诉诸国家土地法规、资金筹措模式、专家功能实现等层次。应该说，在越来越深入研究、讨论的基础上，对传统村落保护的思路越来越宽了，为政府制定传统村落保护法提供了良好的基础。在国家立法的基础上，国家、地方政府组织专家开展普查，确认传统村落的级别，分别实施不同层次的激活、保护、开发，才有坚实的基础。

我理解，通过专家学者的普查、认定，得出的结论一定会有利于政府形成健全完备的保护方案和具体操作措施。一方面，对仍然有社群活力的乡村，实施新农村建设规划，改善其经济机制，改建生活设施，改善村民的生活条件，把工作重点聚焦到提高农业产业框架基础、为居民提供更好的生活环境、增强村庄文化意识、保存农村聚落特征上来。另一方面，为有着特殊文化传承却逐渐凋敝，甚至失去社群活力的乡村，探索一套完善保护的工作模式，形成一种工作机制，并得到国家法规政策的支持和保障，包括土地规划、投资体制、严格的环境保护，建立严格的农民参与机制等，为保留故乡记忆、记住我们的乡愁，留下一系列艺术博物馆、乡村技艺宾馆，产生具有独特价值的“乡愁符号”。

作为“中国民间文化遗产抢救工程”的重要项目之一，《中国历史文化名城·名镇·名村丛书》正是通过众多专家学者和民间文艺工作者辛勤的田野调查工作，在中国民协推动的“中国传统村落立档调查工程”所积聚的海量信息基础上，多学科、多视角地反映当下古城古镇和传统村落现状，发掘传统文化的独有魅力，进而为保护和传承优秀传统文化积累鲜活的素材，汇拢丰富的经验并寻觅科学的路径。相信这套丛书的出版将对古城古镇和传统村落的保护发挥积极作用。

2017 年 3 月

（作者系中国民间文艺家协会分党组书记、驻会副主席）

中国民间文化遗产抢救工程
THE PROJECT TO CHINESE FOLK CULTURAL HERITAGES

芬芳“乡愁”彰中华（序二）

郑一民

站在21世纪桥头，审视中华五千年文明，由历代劳动人民创造并守护的数以万计的历史文化名村、名镇、名城，堪称中华民族可以在世界上引以为豪的珍贵国家财富。在经济全球化、现代化高速发展，城市化进程汹涌而来的今天，保护历史文化名村、名镇、名城，不仅是时代赋予当代国人的神圣历史使命与责任，也是中华民族屹立于世界之林、实现伟大复兴的必然选择。

一个古老的村镇或城市，犹如一位饱经沧桑、阅世甚深的老人，既有深厚的文化积淀，又承载着世代子孙魂牵梦萦的“乡愁”。在古村、古镇、古城之前冠以“名”字，其历史文化价值更是非同凡响。她所承载的物质与非物质文化遗产，既是传递民族血脉和熏陶锤炼民族美德、优秀品格的重要精神食粮，也是构建社会主义核心价值观和具有中国特色美好家园的重要基石。在我国现代化建设快速发展中，科学记录和保护历史文化名村、名镇、名城的人文历史、自然风貌和各种原生态信息，是一件功在当代、利在千秋的伟大事业，对研究、传承、弘扬、创新中国传统文化和实现中华民族伟大复兴，具有深远的历史意义和重要的现实意义。

探究中华文明之河，始于涓涓，终于浩浩。历史文化名村、名镇、名城就是其中的“涓涓”，数以万计的涓涓才汇就中华文明的浩浩大河。作为“涓涓”，每一个名村、名镇、名城虽有体量大小之别，但都是一个自然的社会单元。她们是历代先人适应自然、利用自然、实现“天人合一”的见证，也是创造文明、积淀文明、传承文明的家园。其保存的年轮印痕、光阴故事、人生观、审美观、习俗信仰和生产、生活、居住方式等，犹如一部部五彩缤纷的百科全书，承载着民族的历史记忆和文化基因，闪烁着民族的智慧与品格，慰藉着我们的心田与灵魂，涵养着泱泱中华。从这个意义上讲，历史文化名村、名镇、名城是中华民族物质与非物质文化最大最重要的载体，保护名村、名镇、名城就是保护中华优秀传统文化。

著名文化学者罗杨在论述古村镇保护时说：“人类文明的进化不能没有积累和继承，历史的车轮可以碾过如梭的岁月，但不应拆毁我们心灵回归故里之路。”遗憾的是，在经济社会快速发展中，对古村镇和古城的保护还没有引起世人的应有关注和重视，致使不少古村镇和城市古街区在既无完整文字记载又缺乏图片记录的情况下，便在时代洪流中消失了。针对这种现状，中国文联、中国民协在全国实施了中国传统村落立档调查工程。在此基础上，我们在中国民协和河北省委宣传部大力支持下，2016 年 10 月在全国率先启动了《中国历史文化名城 · 名镇 · 名村丛书》河北卷的编纂出版工作。

《中国历史文化名城 · 名镇 · 名村丛书》是由中国民协承担并在全国组织实施的中国民间文化遗产抢救工程重点项目之一，也是继中国民间文学三套集成之后在全国开展的又一项具有重要影响的浩大基础文化建设项目。河北列入这项文化工程的历史文化名村有 190 个、名镇 18 个、名城 12 个。根据编纂方案要求，我们将对每个历史文化名村、名镇、名城单独立卷，力求以质朴、简明的文字，图文并茂的形式，从历史学、社会学、民俗学、建筑学、文化学等视角，客观、准确、简洁、鲜活记述名村、名镇、名城的历史与现状，阐释每个名村、名镇、名城独有的文化内涵与价值，彰显河北历史文化名村、名镇、名城特有的魅力与精彩，惠及当代，传之后世。为了使读者检索、查阅、研究方便，本套丛书在编纂过程中将以“中国历史文化名村河北卷”“中国历史文化名镇河北卷”“中国历史文化名城河北卷”三个系列问世。

家园需要呵护，硕果需要众人浇筑。完成这

项浩大的文化工程，需要数以百计的作者和知识产权出版社编辑们几年的奋斗，无论田野调查拍摄还是梳理编撰，皆充满艰辛与探索。但耕耘者向来是不怕困难的，硕果会因此更香甜，社会发展会因这些成果更精彩，共和国文化建设会因大家的奉献更加炫目！

俗话讲，金无足赤。由于编者知识水平有限，又无前人研究成果可借鉴，书中谬误之处难免，敬请各位方家和读者批评指正。

2016 年 10 月 30 日

（作者系河北省民间文艺家协会主席）

中国历史文化
名城·名镇·名村丛书

中国历史文化名城

河北博野 | 目录

第三章
先贤颜元

第四章
杰出人物

第五章
红色革命

Famous Villages, Famous Towns, Famous Cities of Chinese Historical and Cultural Series

The Chinese Famous Historical and Cultural City

Boye Hebei | Contents

Chapter 3

The Sage Yan Yuan

Chapter 4

Outstanding Figures

Chapter 5

Red Revolution

Chapter 6
Folk Culture

Chapter 7
Specialties and Delicacies

引言

博野地处冀中平原腹地，河北省保定市南部，距北京200多千米、石家庄100多千米。地处北纬38° 19′ ~38° 35′ ，东经115° 19′ ~115° 39′ 。总面积331平方千米。截至2019年10月，下辖7镇，包括博野镇、程委镇、小店镇、东墟镇、北杨镇、城东镇、南小王镇，127个村民委员会、11个居民委员会。博野历史悠久，如今为保定市下辖的重要县，也是自汉代开始就存在的古邑，其悠久的历史人文、丰富的古迹遗存、至关重要的地理位置，决定了博野是名副其实的历史文化名城。

博野，因地处“博水之野”而得名。《水经注 · 卷十一》记载：“水出望都县，东南流经其县故城南，王莽更名曰顺调矣。又东南，潜入地下。博水又东南循渎，重源涌发，东南径三梁亭

↓ 博野全景

南，疑即古勺梁也。……博水又东径白堤亭南，又东径广望县故城北。汉武帝元朔二年，封中山靖王子刘忠为侯国。”《太平寰宇记》记载：“后魏宣武景明元年，改博陵为博野，以地居博水之野，故名。”

博野历史悠久，自西汉年间置县，距今已有2000多年的历史。西汉置蠡吾县，治蠡村（今博野里村），属涿郡。东汉为侯国，汉桓帝刘志登基前为蠡吾侯。魏晋时期名为博陆，至北魏又改名博野。北齐时期撤蠡吾县入博野县，治今博野镇（一说治蠡县蠡吾镇）。蒙古至元三年（1266）省入蠡州、蒲阴县，三十一年复置，属保定路。明洪武元年（1368）始徙博野县城至蠡县城西南十八里今址，属保定府。明弘治年间《保定郡志》对博野县域有详细记载：“博野县在府治东南九十里，旧境东西二十七里，南北六十里。国朝重新揆步，东至蠡县界一十五里，西至定州界

五十里，东西距六十五里；南至安平界三十里，北至清苑三十里，南北袤六十里。”清代属保定府。1913年属直隶省范阳道，次年范阳道改名保定道，1928年属河北省，1938年属晋察冀边区。1949年属河北省定县专区，1954年属保定专区，1958年并入安国县，1962年复设，仍属保定专区（1968年改地区）。1994年划归保定市。

博野域内古老村落繁多，不少村落的名称甚至沿用了上千年。据1996年出版的《博野县志》统计，博野域内139个自然村，建于汉代

↑ 博野地标

↑ 航拍博野

↓ 博野新貌

以前的60个，晋代3个，隋唐28个，宋17个，元6个，明21个，清4个，村落历史在千年以上并一直沿用古村名的超过半数。从村名中我们依稀可以猜测村落的起源：有些村落因军队曾在此驻扎得名，如“庄头营”“大营”“小营”等；有些村落以村中大户姓氏为名，如“解村”“齐村”；有些村落记录着域内历史悠久的古迹，如“南陶墟”“东王墓”；有些因地理位置和地形地貌命名，如城东、十里铺、八里庄，都因地处原蠡吾县城（今博野县里村）相对方位和距离

↑ 博野道路

↑ 博野高速

而得名，刘陀店（原名牛驮店）因地处牛形地貌之背而得名，南白沙、北白沙因临近古河道，白沙遍地而得名，还有夹河、堤头、堤圈等；有些以美好寓意命名，如大齐取大家齐心之意，同连意为同心同德、紧密相连。

漫长的岁月赋予了博野深厚的历史人文底蕴。在不同的历史时期，总有一些博野贤哲或者风物成为个中翘楚。建于唐景龙四年（710）的解村兴国寺石塔，同连村出土的东魏崔景播墓志，南林里村东南的“还金井”等，皆是博野悠远历史和深厚文脉的见证。祖籍博野程委村的程朱理学代表人物程颐、程颢，清代博野著名思想家、教育家、哲学家颜元，为博野注入了强大的思想之魂。前者发展的理学，在其故土博野根深叶茂，后者以其“实文、实行、实体、实用”的实学思想深刻影响了近现代中国，成就了博野崇尚实学、崇尚实行的务实作风。五四运动之后，博野人才辈出，中国实测天体物理学奠基人程茂兰、当代国际著名生物学家牛满江、中国隧道施工首席专家戴统三、海军潜艇部队创始人傅继泽等人，如群星璀璨，在悠悠岁月里慢慢形成了这方土地的文化积淀。

博野是革命老区，保南第一个党支部——小庄头党支部在这里建立。此后，无论是在反对国民党统治时期，还是艰苦的抗战时期，乃至解放战争时期，博野从未后退，一直以各种方式，传播革命的火种，为中华民族寻找光明的未来，为共和国的建立和成长立下不朽功勋。经典长篇小说《红旗谱》部分内容便取材于博野的红色革命历史。

在京津冀协同发展、雄安新区建设的国家战略背景下，博野也是一个有着后发优势的县。博野位于京、津、石三大城市交汇地，毗邻雄安新区，距离雄安新区核心区直线距离约60千米，属于白洋淀文化圈，是京津石“金三角”核心区，京津保率先联动发展示范区，处于中国最具增长活力和潜力的京津冀经济圈之内。津石（天津—石家庄）、曲港（曲阳—黄花港）2条高速公路在博野枢纽互通，域内2个高速入口使博野成为京津冀100分钟路网框架中的重要节点，为博野的后续发展提供了交通助力。规划中的京石城际铁路从博野穿过，区位优势、交通优势日益明显。

博野生态环境优美，是河北省休闲农业和乡村旅游示范县。温和的气候、肥沃的土壤和纯净的水质成就了博野的种植业。域内约1/3的土地种植绿色蔬菜，是全国设施蔬菜标准园创建示范县、全国食品安全示范县。博野还大力发展特色苗木产业，形成了北方最大的落叶乔木之乡，沙窝、冯村千年古梨园是华北最大的古梨树群落。

博野的橡胶机带、有色金属加工、机械制造、纺织、油漆化工、食品医药六大产业特色鲜明，省级经济开发区规划面积22平方千米，是中国北方最大的输送带生产基地、苗木集散地、油漆涂料产业集中区，逐渐形成“中国北方生态涂装城”“中国橡胶机带城”“中国北方苗木基地”“食品药品基地”四张产业名片，发展后劲不断增强。

时光的脚步已踏入中国特色社会主义发展前所未有的新时代，博野正以崭新的面貌，创造经济、文化和社会事业大发展的美好未来。

博野历史悠久，其源流可追溯到汉代，是自汉代就存在的古邑。历史上，博野曾几易其名：东汉时名博陵，晋时名博陆，北魏时又改名博野。悠悠千载光阴，人世几经变迁，但博野的文脉传承从未被割断，其悠久的历史与璀璨的文化是不可否认的。

↓ 博水之野

第一章
汉代古邑

博野之名的由来

博野之名源于博水。《太平寰宇记》中记载：“后魏宣武景明元年，改博陵为博野，以地居博水之野，故名。”这是博野之名来历最具权威的记载。关于博水之名，《太平寰宇记》还记载：“博水，源出中山望都县,南入上博县界,因为名。”博野之南有深州，西汉时置下博县，而上博、下博对称，故康熙年间《博野县志》云：“博野古称上博陵。”则博水名出上博，之后博野因水得名。

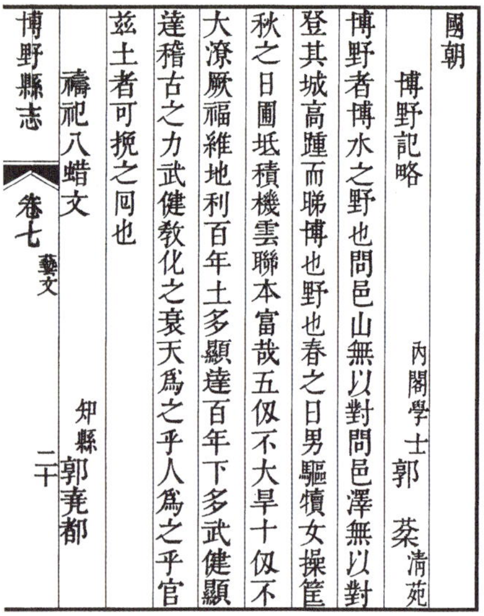
國朝
博野記略　內閣學士郭棻清苑
博野者博水之野也問邑山無以對問邑澤無以對登其城高踵而睇博也野也春之日男驅犢女操筐秋之日圃坻積穖雲聯本富哉五仞不大旱十仞不大潦厥福維地利百年土多顯達百年下多武健顯達稽古之力武健教化之衰天爲之乎人爲之乎官茲土者可挽之回也
禱祀八蜡文　知縣郭堯都
博野縣志　卷七　藝文　二十

↑ 乾隆年间《博野县志》博野记略

而赋予博野之名的古博水如今已难觅踪迹，其源流见于北魏郦道元《水经注》，其中滱水一节记载，博水源出望都县，东南流入博野，沿途有时潜入地下，有时重源涌发，有时又散为泽渚，它流经的“三梁亭”“谷梁亭”“阳城淀”“白堤亭”“清凉城”等诸多古地名今已无法考证其确切位置，但其广博而时有时无的特征给人留下深刻印象。清末地理学家杨守敬、熊会贞在《水经注疏》中写到博水一节时，认为望都县庆都河即古博水入博野之前的流段。杨守敬的后人杨甦宏、杨世灿、杨卫东在《水经注疏补》中，认为博水即古唐河的部分流段。

古邑源流

历史沿革

博野虽然如今的面积不大，但有着悠久的历史，是保定市有名的千年古县。唐虞夏商为冀州之域，春秋为晋地，战国时为赵地，秦属上谷郡。西汉始设蠡吾县，治蠡村，属涿郡。据清乾隆年间《博野县志》记载："西汉高帝十二年，改上谷为燕国，分置涿郡，割蠡吾九州县隶之。"西汉初建，汉高祖刘邦分封自己的挚友兼功臣卢绾为燕王。未料后来卢绾目睹诸多异姓王的惨烈下场，担心自己也终遭不测，遂做出私联匈奴、意图反叛之事，刘邦便改封自己的儿子刘建为燕王，蠡吾县就在此时被划入涿郡，属燕国。班固《汉书》屡有蠡吾县的只言片语，如西汉名臣赵广汉、被汉宣帝称为"真汉相"的王商以及汉宣帝的外祖母，均为涿郡蠡吾县人。

东汉永建五年（130），河间王刘开上书，请封蠡吾县予儿子刘翼，上顺之，蠡吾由县升为侯国，刘翼为蠡吾侯。刘翼死后，其子刘志袭封。刘翼在世时是朝野内外出名的美男子。俗语说"龙生龙，凤生凤"，父亲漂亮，儿子大概率也很漂亮。蠡吾侯刘志十五岁那年，引起皇太后梁妠的注意。东汉本初元年（146）6月，皇太后梁妠把蠡吾侯刘志征召到京城洛阳的夏门亭，准备把妹妹梁莹嫁给他。恰在此时，汉质帝被大将军梁冀鸩杀，同年9月，刘志在梁太后和梁冀的拥立下登基。蠡吾侯摇身一变成了皇帝，即汉桓帝。桓帝刘志登基后不久，诏封其父蠡吾先侯翼为孝崇皇，立陵庙，设博陵县，置令丞以奉祀。《水经注·卷十一》云："追尊父翼陵曰博陵，因以为县，又置郡焉。"

博陵置郡是东汉延熹元年（158）的事。《后汉书·孝桓帝纪》记载："六月戊寅，大赦天下，改元延熹。丙戌，分中山置博陵郡，以奉孝崇皇园陵。"这年六月以博陵县为基础，建立了博陵郡。汉桓帝时期，博陵的地位非常高。《后汉书·孝桓帝纪》记载，永康元年（167），汉桓帝"复博陵、河间二郡，比丰、沛"，博陵的待遇和汉高祖刘邦的家乡一模一样。博陵郡的衰落据说和桓帝之弟刘硕息息相关。建和二年（148），汉桓帝封弟弟都乡侯刘硕为平原王，留在博陵，奉刘翼之后。可惜刘硕嗜酒成性，行为冒失，难当大任，汉桓帝只好令他人主事。

西晋泰始元年（265）改称博陆县，为高阳国治所，博陵郡治南迁。北魏景明元年 （500）改称博野县，属高阳郡。据《魏

↓ 千年古县

书·地形志》记载："高阳郡：晋置高阳国，后改。领县九，户三万五百八十六，口一十四万一百七。高阳前汉属涿，后汉属河间国，晋复。有郝神、高阳城。博野有博陆城、侯城、武城、中乡城。蠡吾前汉属涿，后汉属中山，晋属。有清凉城、颛顼城、蠡吾城、石羊垒。"

北齐撤蠡吾县入博野县，治今博野镇（一说治今蠡县蠡吾镇）。《隋书·地理志》记载："（河间郡）博野旧曰博陆，后魏改为博野，后齐废蠡吾县入焉。"

宋雍熙四年（987）置宁边军，景德元年（1004）改永宁军，领博野县。金天会七年（1129）置博野郡军，天德三年（1151）改为蠡州，博野属之。蒙古至元三年（1266）省入蠡州、蒲阴县，三十一年复置，属保定路。明洪武元年（1368）徙今治，属保定府。清代属保定府。

1913年属直隶省范阳道，次年范阳道改名保定道，1928年属河北省，1938年属晋察冀边区。1949年属河北省定县专区，1954年属保定专区，1958年并入安国县，1962年复设，仍属保定专区（1968年改地区）。1994年划归保定市。

县治变迁

县治是一县之核心。博野拥有悠久的历史，其县治也曾多次改换。西汉蠡吾县城在今博野县西北之里村，旧称蠡村，北魏时，县城被滹沱河水湮。北齐时县城搬迁至博野县城。北魏至隋博野县城的迁徙，史载不详。《大清一统志》引旧志云，魏隋时移今治。今治即今蠡县蠡吾镇。明洪武元年（1368）博野县城移至蠡县城西南十八里今址。

我们不难发现，博野与蠡吾是难以分开来叙述的，二者在历史上一直是息息相关的。有趣的是，古之蠡吾为后来之博野，博野则为后来的蠡吾，而且几次迁徙更换。据《大清一统志》记载，今之博野，为汉之蠡吾；今之蠡县，为汉之博陵，后魏及唐宋以来之博野。自北齐废蠡吾入博野，历隋唐时，蠡吾故地为博野之西境，宋置永宁军，金改蠡州，并以博野为倚郭，元至元初省博野，三十一年复置博野县于今蠡县界，属保定路，其时蠡州与博野始分，然博野之名犹在故地也。明洪武元年（1368），迁于西南十八里，为今治。由是博野与蠡县名称互易，皆非故地。

具体来说，汉时的博野曾分别隶属于蠡吾县、蠡吾侯国，其所辖之域正是今博野之域。而如今的蠡县，东汉时属博陵，后魏及唐宋以后属博野。从地理位置上看，博野与蠡县川土相接，两地均拥有辉煌灿烂的文化，可以说相依而生；从县治变化来看，汉时蠡吾县城在今博野县西北之里村，明洪武元年（1368）以前，博野的县治有相当长的一段时间位于如今的蠡县域内，也就是说，明代以后博野的行政区划才与如今我们所认识的博野县重合度较高。但不可否认的是，虽然博野的县治与地理位置时有变化，但其文脉传承从未被割断，其悠久的历史与璀璨的文化是不可否认的。

位置变化

关于博野确切位置的记载，最早见于明弘治年间的《保定郡志》：“博野县在府治东南九十里，旧境东西二十七里，南北六十里。国朝重新揆步，东至蠡县界一十五里，西至定州界五十

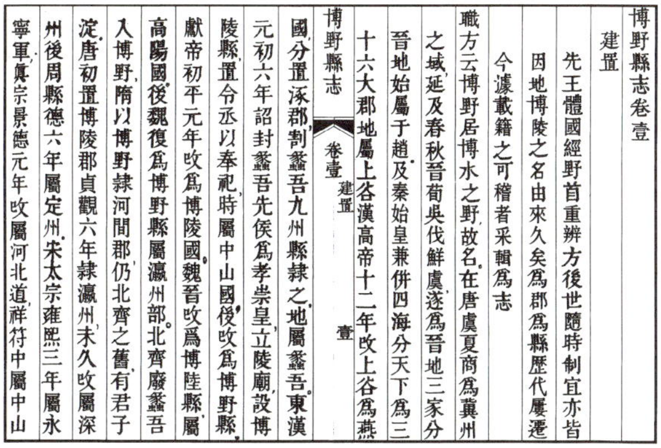
博野縣志卷壹
建置
先王體國經野首重辨方後世隨時制宜亦皆
因地博陵之名由來久矣爲郡爲縣歷代屢遷
今據載籍之可稽者采輯爲志
職方云博野居博水之野故名在唐虞夏商爲冀州
之域延及春秋晉荀吳伐鮮虞遂爲晉地三家分
晉地始屬于趙及秦始皇兼併四海分天下爲三
十六大郡地屬上谷漢高帝十二年改上谷爲燕
博野縣志　卷壹　建置　壹
國分置涿郡割蠡吾九州縣隸之地屬蠡吾東漢
元初六年詔封蠡吾先侯爲孝崇皇立陵廟設博
陵縣置令丞以奉祀時屬中山國後改爲博野縣
獻帝初平元年改爲博陵國魏晉改爲博陸縣屬
高陽國後魏復爲博野縣屬瀛州部北齊廢蠡吾
入博野隋以博野隸河間郡仍北齊之舊有君子
淀唐初置博陵郡貞觀六年隸瀛州未久改屬深
州後周顯德六年屬定州宋太宗雍熙三年屬永
寧軍真宗景德元年改屬河北道祥符中屬中山

↑ 乾隆年间《博野县志》沿革

里，东西距六十五里；南至安平界三十里，北至清苑三十里，南北袤六十里。”另外，清康熙年间《博野县志》载：“东西广三十里，南北袤六十里。”乾隆年间《博野县志》载：“东西广二十里，南北袤六十里。”《畿辅通志》记载：“东至蠡县界六里，西至祁州界十五里，东西广二十一里；南至安平界三十里，北至清苑界三十里，南北袤六十里。”在此之前的博野位置，只能通过零散的史料进行推测。如杨守敬《水经注疏》引《舆地广记》，饶阳有博陵城，博野有博陆城，是县城屡有迁徙，即今蠡县治。又如《旧唐书·地理志》中记载，博野，汉蠡吾县，属涿郡。后汉分置博陵县，后魏改为博野。武德五年（622），置蠡州，领博野、清苑，割定州之义丰三县。八年，州废，三县各还本属。九年，复立蠡州，领博野、清苑二县。贞观元年（627），废蠡州，博野、清苑属瀛州。

不难看出，虽然博野的位置时有变化，但与今址所差并不甚多。博野域内古建遗存颇多，可以说，上千年的文化被较为完整地保存下来。

地名特征

博野域内古老地名不少。很多地名都拥有悠久的历史，为历朝

↑航拍博野

历代沿用，虽然屡经沧桑变迁，个别村名可能因各种各样的原因有一定讹误或改变，但我们仍然可以从其中窥见历史的痕迹。

博野古迹派生地名占了较高比例。比如，白塔因建于村内一白塔附近而得名。东王墓、西王墓是因为村子附近有一王子墓而得名。

以兵营派生的地名不少。博野作为交通要道，自古战事不断，朝廷免不了在博野屯兵驻扎，因此屯兵、宿营之地也成为村落之名，如解营、王家营、徐家营、屯庄营、屯庄、庄头营、大营、小营等。

↓位于博野南部的潴龙河，清澈的河水承载着博野的悠悠古韵

冠以姓氏的地名也有不少，这也符合我国自古以来的村落命名习惯，如解村、齐村、张家庄、耿家庄、杜家庄、王家庄、谭庄、魏庄、闫庄、胡庄、吴王庄等。

也有因地理位置和地形地貌派生的地名。如刘陀店（原名牛驮店）因地处牛形地貌之背而得名；南陶墟、大墟、东墟、西墟均因地处赵国陶墟而得名；南白沙、北白沙因临近古河道，白沙遍地而得名，还有夹河、堤头、堤圈等。

还有取各种积极进取之意的地名。如同连意为同心同德、紧密相连，大齐取大家齐心之意。

另有一种情况，即以某处古迹为中心，以该地与中心的距离或关系来命名。如城东、十里铺、八里庄，其名源于地处原蠡吾县城（今博野县里村）的相对方位和距离。

↓ 潴龙河大桥

中国民间文化遗产抢救工程
THE PROJECT TO CHINESE FOLK CULTURAL HERITAGES

博野虽有悠久的历史，但因地处冀中平原，历代天灾兵燹造成了历代名胜古迹、文化遗存的湮灭，只有为数不多的古代遗迹流传至今，今存战国王子墓、蠡吾故城遗址、唐兴国寺汉白玉石塔、明还金井遗址、清代蒋家庄园遗址、千年古梨园等古迹名胜，以及历代遗存的部分碑刻，而清代《博野县志》中记载的众多陵墓、祠庙、寺观、建筑等均已消失在历史的长河中。

↓ 沙窝、冯村古梨园

第二章
古迹名胜

古迹和纪念地

战国王子墓

王子墓俗称王子坟，位于博野镇西王墓村（今东风村）西北约800米处。清康熙年间《博野县志》记载：“王墓相传王子墓，故以村名。”

↑ 王子墓文物保护碑

传说，战国时期，齐国一领兵王子在此战死，其麾下士兵每人一包土将王子葬于此地，堆积成墓丘。墓丘封土平面呈长方形，现存封土高4米，南北长6.5米，东西宽6米，墓区地势南低北高。墓区地表存有大量战国时代的陶瓦片。墓附近曾出土过青铜器、成捆的铜箭头和身首异处的人骨。1982年7月，王子墓被列为河北省文物保护单位。

汉代蠡吾故城遗址

↑ 蠡吾故城遗址

蠡吾故城遗址位于里村西南，为西汉古县城遗址。清乾隆年间《博野县志》记载：“蠡吾县城在后魏时为滹沱河水所湮。”遗址长1500米，宽1000米，文化层厚度约3米。出土有人骨、汉陶、汉瓦盒、汉砖等。1987年10月，该遗址被列为博野县重点文物保护单位。保护范围为四周1500米内。

唐代汉白玉石塔——兴国寺塔

石塔建于唐景龙四年（710），原为兴国寺内建筑。1907年，解村村民集资将兴国寺改建为学校，石塔今位于学校院落中央。

解村是博野一个比较大的村庄，其历史可追溯到唐代。据说是因一户姓谢（解）的人家在此落户而得名。村落历史缺乏相关资料的佐证，但村中的兴国寺塔有着确切的建筑时间，且石塔的由来有着一段动人的故事。据解村老村长程金山介绍，唐代村里曾闹饥荒，村民生活难以为继。官府体恤百姓，决定开仓放粮，进行救济。官府的善行解救百姓于水深火热之中，大家感激不已。后来，

↓ 兴国寺石塔

从灾荒中得以幸存的村民决定捐资，在村中的兴国寺内建塔，借此回馈官府的恩德。

“兴国寺”这一寺名在我国极为常见，“兴国”二字蕴含的深意不言自明。寺名兴国，建于其中的石塔便为兴国寺塔。唐代正是佛教在我国兴盛发展的阶段，佛寺随之不断增多，大量佛塔也在此时被建造出来。博野的兴国寺塔建于唐代景龙年间，与建于唐景龙元年（707）的西安小雁塔时间相近，建筑风格也极其类似，都反映了大唐的繁盛。据了解，留存至今的唐代石塔约百余座，主要集中在中原、关中等地。唐代石塔一般体量不大，以小巧著称；风格简约质朴，无大片彩绘与雕刻；多为仿木结构，平面是方形，内部为空筒式结构。解村兴国寺石塔却非空筒式，而是近乎实心。

清末，解村村民在兴国寺内办起了学校，有学生100多人，是博野第一所完全小学。辛亥革命时期，兴国寺佛教标志性建筑被拆，寺内石碑被推倒，只余兴国寺塔独立。在其原址兴办的学校却愈发红火：1923年增设五六年级，称解村两级小学，但学生只招男生。1928年教师王志远在学校发展党组织，传播红色思想。1939年6—9月，中共博野县委在解村学校开办县级干部训练班，为敌后抗日根据地培养了一批地方抗日骨干。世界著名生物学家美籍华人牛满江就曾在这所学校读书。

由于连年战火、年久失修，兴国寺塔的下部一直被土掩埋着，村里不少调皮的孩子都曾爬到塔顶玩耍。直到1987年，博野文保所姚庆勋、张来雪和地区文保所孙刚三人对塔基吞土进行了挖掘和清理，发现塔基地宫里雕有佛像并刻有铭文，这才为人们揭开兴国寺塔神秘的面纱。

兴国寺塔为四方形十五层密檐式实心汉白玉石塔，高7.51米，分为塔基、塔身、塔刹三部分。塔基边长1.73米，由三层方石组成。塔身第一层由三块整石拼合为塔室，塔室南面石板中间开券门，门左右各有一位持剑护法浮雕像。塔室内北面石壁上部中间有一座高38厘米的立式佛像浮雕，佛像两侧为高29厘米的立式石人浮雕，下部两侧为高20厘米的双膝跪式浮雕石人像，中间刻有“景龙四年”“主浮”“立”“造”等字样。室内东西两壁雕刻图案相同，上部中间是立式佛像，高35厘米，两侧立式人像，高29厘米。下部是5个立式人像浮雕，高20厘米。第二层至十五层为密檐式，每层檐均为石雕叠涩檐。

石塔全部用汉白玉制成。第二层至十五实心无塔室，每层为一块石料，檐部为一块石料，相互叠压。塔刹为一石雕宝珠。此塔是河北省唯一存世的唐代汉白玉石塔，2001年被列为全国重点文物保护单位。

↑ 唐兴国寺石塔

二程夫子祠

二程夫子祠在程委村，建于元初。明代浙江按察副使孙恭《重建二程夫子祠碑记》记载：“程委为二程夫子五世以上祖居之墟，

↑《重修二程子祠》碑记拓片

其茔域在焉，立有短碑，元时建祠。”清乾隆年间《博野县志·秩祀》记载二程夫子祠“正殿三楹，左有宰牲所，右有望燎坎，东西斋房各二楹，中、二门三楹，门左右神厨神库各三楹，前大门三楹”。

程委村是程氏聚居地，素有“理学源头”之称。程颐在《明道先生行状》中说：“先生五世而上居中山之博野。……河南之程，出自中山博野。”清代名宦博野人尹会一《谒二程夫子祠》云：“孰知伊洛派，系出滋水

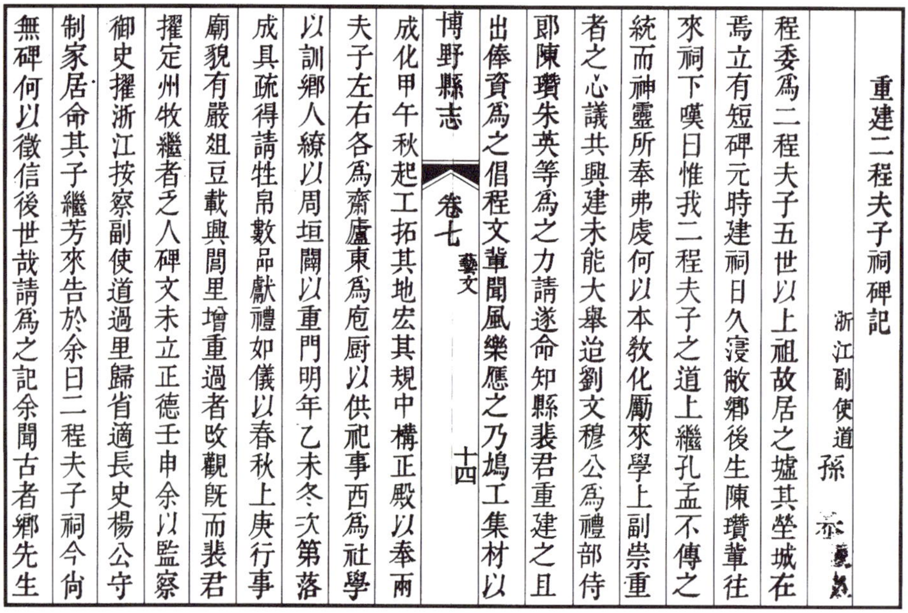
重建二程夫子祠碑記
浙江副使道 孫[illegible]
程委爲二程夫子五世以上祖故居之墟其塋域在
焉立有短碑元時建祠日久寖敝鄉後生陳瓚輩往
來祠下嘆曰惟我二程夫子之道上繼孔孟不傳之
統而神靈所奉弗虔何以本教化勵來學上副崇重
者之心議共興建未能大舉逌劉文穆公爲禮部侍
郎陳瓚朱英等爲之力請遂命知縣裴君重建之且
出俸資爲之倡程文輩聞風樂應之乃鳩工集材以
博野縣志 卷七 藝文 十四
成化甲午秋起工拓其地宏其規中構正殿以奉兩
夫子左右各爲齋廬東爲庖廚以供祀事西爲社學
以訓鄉人繚以周垣闢以重門明年乙未冬次第落
成具疏得請牲帛數品獻禮如儀以春秋上庚行事
廟貌有嚴俎豆載興閭里增重過者改觀既而裴君
擢定州牧繼者乏人碑文未立正德壬申余以監察
御史擢浙江按察副使道過里歸省適長史楊公守
制家居命其子繼芳來告於余曰二程夫子祠今尚
無碑何以徵信後世哉請爲之記余聞古者鄉先生

↑乾隆年间《博野县志》载明代《重建二程夫子祠碑记》

渊。”滋水，即今博野南域的潴龙河。博野后世学人如刘吉、吴椟、颜元、尹会一等深受理学影响，二程“人皆可以至圣人”的圣人观，为清初思想家颜元进一步表述为“人人皆可为圣人”“圣人是肯作工夫庸人，庸人是不肯作工夫圣人”。

明清时期，二程夫子祠的祭祀活动被列入国家祀典，春秋两祭由博野县令主祭。博野二程直系后裔被封为“奉祀生”，世袭罔替，主持二程夫子祠平时的祭祀活动。

历史上二程夫子祠多次重修，祠前有“理学源头”短碑，祠内有“河洛渊源”“道脉千秋”等历代题匾。日军侵华时期被拆，遗址在今程委粮站。

明还金井遗址

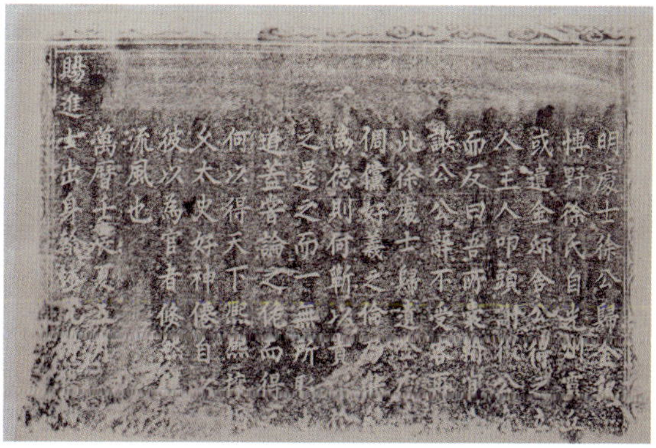

↑ 南林里还金井碑刻拓片局部

还金井遗址位于南林里村东南隅，此井因明万历二十年（1618）村民徐恭浇园时拾金不昧归还失主而得名。井口直径0.7米，井深约4.5米，井壁由青砖砌成。后人在徐恭浇园的井旁立碑，碑高3.6米，宽0.99米，厚0.26米。碑文记载了徐恭的德行和还金的故事。1987年10月，该井和碑刻被列为博野县重点文物保护单位。

因年代久远，风雨侵蚀和人为损毁使得原碑倾倒。2005年，南林里徐氏后裔、原天津市国营农场管理局局长徐宗禹捐资3000

↑ 南林里还金井新旧碑并立

↑ 城东蒋家大院四合院遗址

↑ 城东蒋家大院内景

元，南林里村徐氏后裔捐余款，将原碑重置原处，刘凤桐根据原碑残存文字，参考乾隆年间《博野县志》及刘彦山所保存的资料重整碑文，复刻一碑，立于原碑西侧。今新旧两块碑并立井南。

徐恭还金美德是博野诚信文化的代表，在博野广为传颂，是博野的骄傲。

城东蒋家大院遗址

城东蒋家大院位于城东村，为蒋氏家族居所，创始于清初，是保南最大的庄园，今城东镇政府、城东小学、中心校、医院、供销社、铁厂原址等地都在原蒋家大院之内。

鼎盛时期的蒋家大院四周寨墙高耸，寨墙长1500多米，宽近3米，有东、西、南4个寨门（2个东门）。庄园为典型的北方四合院建筑群，每套宅院都有阶梯通往寨墙，一旦有战事，几分钟内就能完成防御部署，有很强的军事防御功能，这使它成为北方独具特色的庄园。

历经300年风雨，蒋家大院今仅存西南角的一套小四合院，面积360平方米，房屋12间，硬山式布瓦屋顶，花棂木格门窗，由于年久失修，屋顶塌陷，仅存主体。1987年10月，被列为博野县重点文物保护单位。

程茂兰天文科技馆

程茂兰天文科技馆位于沙窝村北古梨园西北部，占地15亩，2017年6月建成开馆。

程茂兰天文科技馆分为东西两区，主体建筑位于东区北侧，为坐北朝南的中式二层建筑，东西长40米，南北长8米。楼顶中部为天文圆顶，左右两侧阁楼耸立，白墙灰瓦，典雅简洁。一层为程茂兰生平和贡献展，二层为国内外天文成就展。东区南侧为附属

↓ 程茂兰天文科技馆

建筑沙窝村史馆、程茂兰故居等。西区南侧为花圃，西区北侧为沙窝村烈士纪念碑。纪念碑坐北朝南，底座为正方形高台，高1.1米，长、宽各12米，四周围绕汉白玉栏杆。碑高10米，位于高台正中，正面镌刻“沙窝烈士纪念碑”字样和革命英烈浮雕，碑体背面镌刻烈士名单。

沙窝、冯村古梨园

沙窝、冯村一带是唐河和宋代运粮河故道，土壤沙层厚度超过3米，虽不生五谷，却特别适宜种植果树。其种植梨树的历史可追溯至唐代，这一带的古梨园有千年历史。

2015年3月，经河北省林业厅专家测量鉴定，沙窝、冯村古梨园有百年以上树龄的梨树近8万株，其中树龄200年以上的梨树

↓ 沙窝烈士纪念碑

2500余株，树龄最长的近400年。按照树龄超过百年即为古树的评定标准，沙窝、冯村古梨园被认定为河北省面积最大、最集中、保存最完好的原生古梨树群落。

↑ 古树枝头

沙窝、冯村古梨园与庄头、庄头营、杜各庄的梨园连成苍莽一片，春季梨花盛开，润洁如玉，莹白胜雪，近临有淡香悠幽，远眺如雪海凌波，成为冀中平原有名的景观。历代果农将古树嫁接、整枝、换头，造就了如今古梨园的绝代丰姿，古树合抱，虬枝苍劲朴拙，姿态奇异。博野因地制宜每年举办梨花节、采摘节，春华秋实，游人如织。

↓ 古树合抱

莹白梨花

碑刻文化

↑ 崔景播墓志拓片

↑ 崔景播墓志石

东魏崔景播墓志

墓志全称《魏故镇远将军崔府君墓志铭并序》，志石为青石质，方形，边长56厘米，厚10厘米。碑文22行407字，数字不能辨识。文字为魏碑书法风格，笔法率意，笔画洗练秀劲，结字寓巧于拙，质朴自然，是由魏楷向唐楷发展过程中，对以《张黑女墓志》为代表的魏楷极则的变化，有较高的书法价值。志石今存于保定市文物管理所。

志主崔景播生活在北魏和东魏时期，历任太尉行参军、司空城局参军、镇远将军。崔景播在镇远将军任上去世，时年三十二岁。三年后灵柩迁回祖茔（今博野县南小王镇同连村）。志文高度赞扬了崔景播在崔氏优秀的家风家教的熏陶下卓异不凡的德行和才能，对他英年早逝深表惋惜。

志文中记载的崔景播父亲、祖父、曾祖父的身份信息可补正史之不足。

齐故许君墓铭

齐故许君墓铭志石2009年出土于蠡县北林里与许村之间。志石为青石质，长宽各约50厘米，350字，刻工精良，笔画简洁，结字端庄凝重，平正秀雅，点画厚重朴拙，苍劲有力，通篇布局严谨合理，古朴奔放，属北齐碑志书法上品。将此墓志与东魏崔景播墓志比较，两者刻石时间相距约43年，出土地点相距约10千米。二者均文辞骈俪，结构与行文风格相近。崔志结字匀称率意，笔画纤细，洗练古朴，蕴含向楷法过渡的意味。许志结字更趋标准，既有魏碑的厚重朴拙，又有楷法的端庄秀丽。二者均是魏碑向唐楷过渡的代表。

志主许孝仰生于东魏孝静帝天平元年（534），卒于北齐武成帝河清四年（565），高阳郡博野县人（西晋设高阳国，治所在博野县），官至侍御史。许氏是博陵一带的望族，西晋永嘉之乱时，北方士族南迁，许孝仰是留守故地的许氏后裔。许孝仰的高祖名许彦。许彦少孤贫，好读书，北魏太武帝初年入朝为官，官拜散骑常侍，封爵博陵侯。曾祖许龙，官至赵郡太守。祖父许协，任高阳太守。父许玑，官至北魏给事黄

↑ 许孝仰墓志石盖

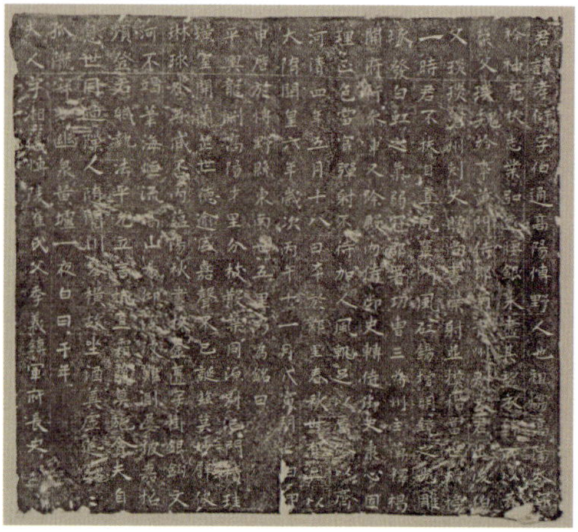

↑ 齐故许君墓铭拓片

门侍郎、南青州刺史。许孝仰出生后过继给他的伯父许琰为子。志文清晰地勾勒出许氏的血脉渊源，可补正史之不足。

齐故许君墓铭的重要意义在于铭文中出现了关于东汉、魏晋、南北朝时期博野县城的地理方位信息。墓志中记载许孝仰“厝于博野县东南廿五里”，意即许孝仰葬于古博野县城东南二十五里。博陵县设立后，于东汉延熹元年（158）升格为博陵郡，三国魏时博陵县改为博陆县，北魏景明元年（500）改称博野，北齐时废蠡吾入博野，一直到隋开皇六年（586）博野县建置仍存，期间治所并未发生改变。

明内阁首辅刘吉夫人段氏墓志

墓志全称《大明封一品夫人刘室段氏墓志铭》，志石原在程委镇张家庄，青石质，长、宽约57厘米，厚20厘米。墓志由翰林院学士、经筵讲官彭华撰文，吏部尚书、华盖殿大学士李东阳撰盖，太常寺卿谢宇书。铭文为小楷，笔画秀丽，结字匀称，章法严谨，是不可

↑ 大明封一品夫人刘室段氏墓志铭盖拓片

多得的明代墓志精品。

志文叙述段氏贤惠、简朴、克尽孝道、持家有方的一生，以及管理家庭内部事务的情况，对了解明代士大夫的家庭生活有一定参考价值。

↑ 大明封一品夫人刘室段氏墓志铭拓片

皇帝亲耕处恭记

碑文见于乾隆年间《博野县志》艺文卷，记述康熙四十一年（1702），清圣祖爱新觉罗·玄烨驾临博野，带领随行的皇太子和诸多皇子举行亲耕典礼的过程。当时陪同的直隶巡抚李光地撰文记其事，并令博野知县在康熙皇帝所耕地边界处立碑昭示后世。康熙虽是勤政的皇帝，但亲耕礼在京师之外举行极其罕见。

重修二程夫子祠碑记

此碑是道光十年（1830）重修程委镇程委村二程夫子祠时所立。二程夫子祠旧址在今程委粮站。2015年前后，程委村清理污水沟时此碑出土，此碑现存于程委村。

二程夫子祠自元代创建，屡圮屡修。道光十年（1830）重修竣工后，知县刘遵海撰文，记述这次重修的缘由和集资修建的过程。当时有人认为二程出生、仕宦都在河南，对博野建祠奉祀二程的合理性提出疑问。刘遵海在碑记中说，孔孟不隘于邹鲁，那么继承孔孟人道的二程也不应局限在河南，况且博野本来就是二程祖居

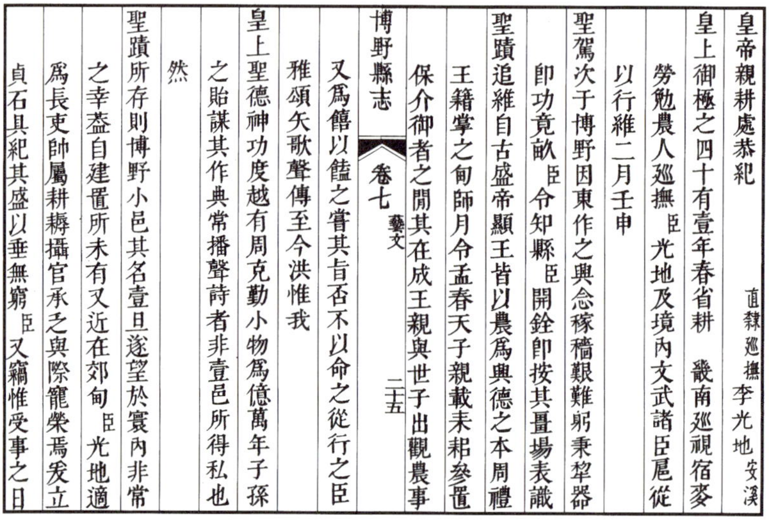
皇帝親耕處恭紀　直隸巡撫李光地安溪
皇上御極之四十有壹年春省耕　畿南巡視宿麥
勞勉農人巡撫臣光地及境內文武諸臣扈從
以行維二月壬申
聖駕次于博野因東作之興念稼穡艱難躬秉耒器
即功竟畝臣令知縣臣開銓即按其壟埸表識
聖蹟追維自古盛帝顯王皆以農爲典德之本周禮
王籍掌之甸師月令孟春天子親載耒耜參置
保介御者之間其在成王親與世子出觀農事
博野縣志　卷七　藝文　二五
又爲饁以饁之嘗其旨否不以命之從行之臣
雅頌矢歌聲傳至今洪惟我
皇上聖德神功度越有周克勤小物爲億萬年子孫
之貽謀其作典常播聲詩者非壹邑所得私也
然
聖蹟所存則博野小邑其名壹旦遂望於寰內非常
之幸葢自建置所未有又近在郊甸臣光地適
爲長吏帥屬耕耨攝官承之與際寵榮焉爰立
貞石具紀其盛以垂無窮臣又竊惟受事之日

↑ 乾隆年间《博野县志》皇帝亲耕处恭纪页

之地，推究其反本复始的初心，博野建祠祭祀二程理所当然。“孔孟以大圣大贤上继尧舜禹汤文武周公之绪，其道通乎天下，其人自不得限于方隅。故前史纪其始终，并未尝系以鲁邹而隘之。岂二先生于遥遥千载下接孔孟之传，独可限以洛与汴哉？”

二程夫子祠的祭祀在清代曾被纳入国家祀典，每年春秋重要的两次祭祀由县令主持，平时的祭祀由二程的直系后裔主持，称奉祀生，世袭罔替，博野民间将程氏奉祀生称为“铁帽子秀才”。

颜习斋祠堂断碑

颜习斋祠堂断碑宽约64厘米，长约130厘米，厚约14厘米，汉白玉石质，因风化剥蚀及人为损坏，部分文字无法辨认。原碑为四存学会重修颜习斋祠堂后所立。

1919年，民国大总统徐世昌来博野瞻仰颜习斋祠堂并拨款维修，他认为颜元的实学可以强国救民，于是在他的倡导下，于1920年成立四存学会，当时的政坛、文坛诸多名流如李见荃、齐树楷、张斌、张凤台、贾恩绂、布其诰、柯劭忞、邓毓怡、吴廷燮、齐振林、刘培极、刘登瀛、齐赓芾等成为学会的骨干。颜习斋祠堂重修后，由齐树楷撰文、张荫梧书丹，在颜习斋祠堂前竖碑纪念。

石碑残存文字显示，当时文化界部分人士对社会文化全盘西化趋势深为忧虑，认为西方的某些思潮是“洋八股”，且“时文之不若也”。其中论及教育时，齐树楷秉承颜元实学的思想，探讨兴趣和学习的关系，认为兴趣是后天养成而非与生俱来，这一点对我们现在的教育仍有启迪作用。

↑ 重修二程子祠碑记拓片

↑ 蒋式芬题颜习斋故塾碑旧照

颜元，字浑然，号习斋，博野北杨村人。清初思想家、哲学家、教育家，颜李学派创始人。他开创的求真务实、躬行实践的实学思想，是中国古代优秀文化的结晶，是中华民族优秀传统文化的重要组成部分。他是博野的骄傲，更是深刻影响我国历史进程的先贤。

↓ 颜元文化广场颜元雕像

第二章
先贤颜元

立志作圣的一生

饱经忧患，立志作圣

颜元生于明崇祯八年（1635），卒于清康熙四十三年（1704）。其父幼时被蠡县巡捕朱九祚抱养，因此颜元出生即寄养在蠡县朱家，从朱姓，初名邦良，字易直。

↑ 颜元祠堂颜元坐像

颜元自幼饱经忧患。4岁时，清军绕道入关劫掠，攻破蠡县县城，颜元的父亲因不满朱家虐待，随清军北去，殁于关外。母亲于颜元12岁时改嫁。颜元便同养祖父母一起生活。

颜元青少年时与普通读书人无异，习文应举，甚至习染轻薄。他8岁开蒙，随吴洞云学文习武。19岁拜入名士贾珍名下，在贾珍的感召和严格要求下，一革旧态，考中秀才。颜元早年的两位老师对他影响深远，吴洞云文而兼武，贾珍方正不苟，力倡说实话，行实事。这对颜元后来形成自己的学说起到了奠基的作用。

清顺治十一年（1654）颜元的养祖父遭遇诉讼，家境败落，从蠡县县城迁回蠡县刘村旧居。颜元弱冠之年，耕田灌园，劳苦淬砺，养家糊口，赡养年迈的养祖父母。颜元21岁时，读《资治通鉴》，决意放弃科考举业。24岁开设私塾，始学陆（九渊）王

（阳明）心学，后改事程朱理学，立志法古作圣。他25岁作《小盒歌》云“识得孔叟便是吾，更何乾坤不熙皞”，表露作圣的心迹，相信孔子与“我”本来不二。他与蠡县同道学人王法乾互相规劝勉励，立日记考核功过，质问学行，在思想和行为上彻底改过迁善。颜元《四书正误》记载王法乾说：“吾兄弟初志作圣，即令到贤人的位次，终是自恶。”颜元也说：“圣人必可学而至。”“人须知圣人是我做得，不能作圣，

↑《四存编》

↓颜元著《四存编》，包括《存性编》《存学编》《存治编》《存人编》

不敢作圣，皆无志也。”

清康熙七年（1668），因养祖母病逝，颜元作为承重孙代父居丧，严格遵行朱子家礼，“三日不食，朝夕哭”，饥饿哀毁，几乎死亡，自此悟及程朱学说之误，冲出理学阵营，自成一家，开始倡导以习行实践为主的“孔孟正学”，并将自己创办的学校改名“习斋”。

他秉持自己的实学思想，先后著《存性编》《存学编》《存治编》《存人编》，旗帜鲜明地反对当时占据社会主流的程朱理学和陆王心学。康熙十二年（1673）， 养祖父朱九祚去世。颜元归宗博野北杨村，恢复颜姓，其私塾“习斋”迁至北杨村。

北行与南游

颜元除了在北杨村习斋施教，在后半生做了两件大事，为他成贤成圣的人生添加了浓墨重彩的一笔。

康熙二十三年（1684），颜元出关寻父。这次出关之行，历时一年多，他一路寻找父亲的踪迹，同时不忘传播实学思想，收关拉江为徒，其学说传到了关外。颜元找到了他父亲的坟墓后，将父亲的神主牌位请回北杨村安葬，守孝三年，“泣血骨立”（《颜李学派文库》，河北教育出版社，2009年版），孝子之名远播。颜元此举引发轰动，博蠡一带士人纷纷作诗撰文称赞，博蠡二县的县令亲临吊奠，远近学者或亲来拜访，或书信往来，探讨学问。此后颜元声誉日隆，历任博野知县皆造庐拜访。

康熙三十年（1691），颜元南游中原，他怀着一颗济世救民之心，从一个立志作圣的学者学术自觉性出发，走上了宣传他的实学思想的旅程。他一路上拜访当地豪杰和文化界人士，问学辩难，收了一大批弟子，使他的学问传到了中原一带。颜元的游学之旅，是中国历史上难得的一次，一位思想家有意识地主动传播自己思想的旅程，其意义非同一般。

成圣的结局

颜元一生在思想和行为上力图以成圣的标准要求自己，社会声望逐年攀升。在他39岁时，一位名齐笃公的秀才赠其“砥柱”之号，称赞他是“汉、唐、宋以来第一人”（《颜元集·答齐笃公秀才赠号书》，中华书局，1987年版）。颜元的前辈学人、北学大师孙奇逢将颜元纳入“郡贤”之列。更有许多学人慕名请教，甚至拜入习斋之门下，他在学术界的影响力日盛，晚年被力邀赴肥乡担任漳南书院的院长。他在家乡很早就有了“颜圣人”的美称。《颜习斋先生年谱》记载，他65岁时“三月，思言行不相顾，即欺世也；使路人指为圣人，而一德未立，一行未成，即盗名也”。

颜元的成圣之路，并未随他去世而终结。康熙六十一年（1722），他故去18年后，颜元被公举入乡贤祠。1919年，他故去215年后，他和弟子李塨入孔庙从祀，成为史上从祀孔庙最后的大儒。在博野民间，流传至今的颜元轶事与传说众多，故事中颜元都是已经“成圣”的形象。无论官方还是民间，都不约而同地给他成圣的人生画上了圆满的句号。

↑ 颜元文化展室颜元铜像，颜元文化展室位于颜元文化广场南侧三楼，于2007年兴建。展室详细地介绍了颜元的生平、思想体系、对后世的影响等

↑ 颜元系列故事出版物

北学之宗

颜元一生以教育为主业，从教47年。为学前期，他出入陆王心学和程朱理学，明悟其非，痛恨明末程朱陆王的学术末流对社会造成的危害，他在与两个学术流派的斗争中形成实学思想，其弟子李塨继承和发展了颜元的学说，创立颜李学派。颜元被后世尊崇为“北学之宗”。

↑ 北学之宗匾，徐世昌题，悬于颜习斋祠堂，后失踪。照片拍摄于20世纪60年代

习斋施教

清康熙七年（1668），颜元认识到心学、理学的谬误和危害，在学术主张上转虚为实，直承孔孟，以“习行”为核心，摒弃浮华，经世致用，力倡实文、实行、实体、实用，开创实学。他将自己创办的学塾更名为“习斋”，摒弃八股举业教学，以“礼、乐、射、御、书、数、兵、农、水、火、工、虞”为内容，掀开中国教育史上的新篇章。

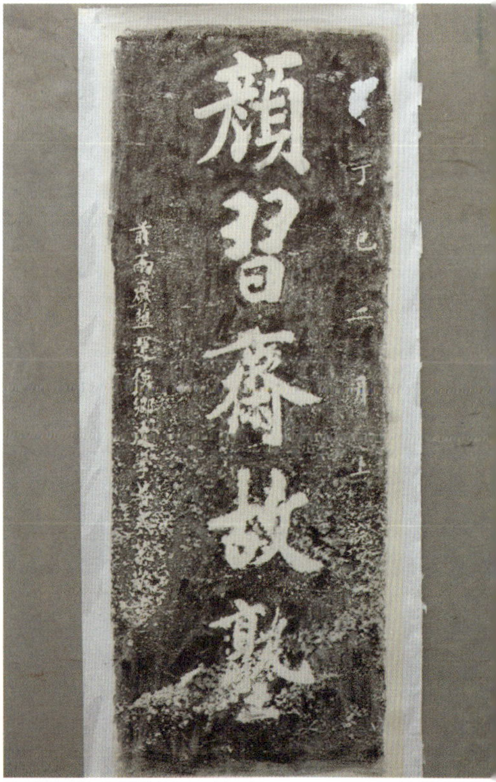

↑ 颜习斋故塾碑拓片，本书主编制作并保存

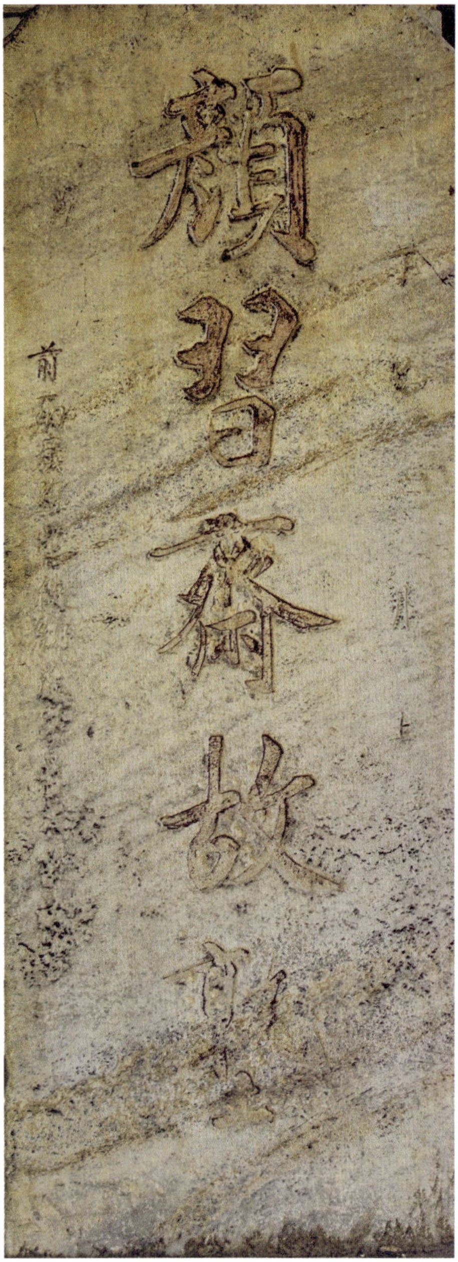

↑ 颜习斋故塾碑，今存于颜习斋祠堂大门东侧

他的教育目标，不再是以科举而入仕途，而是培养有真才实学、经世致用的“圣贤”，并分为“全胜之圣贤”和“偏胜之圣贤”，也就是治世通才和专业技术人才。他培养“偏胜之圣贤”的主张，明确提出“学也必无饥”的看法，开职业教育之先河。

习斋的教育，文而兼武，气象、水利、工程等专业技术兼顾，无论在思想上还是形式上，远远突破了传统经学教育的桎梏，是我国教育史上新教育的滥觞。

主教漳南书院

康熙三十五年（1696）五月，颜元带着几个弟子来到当时属肥乡县的屯子堡，主持漳南书院。他将书院分成习讲堂和六斋，也就是文事、武备、经史、艺能、理学和帖括六斋，并以前四斋为主，后两斋被放在最不重要的位置，准备将来裁撤。颜元在漳南书院的规划设置，具备了现代大学的雏形，这是具有划时代意义的创建。

颜元所设置的六斋，斋有斋长，科有科领，分专业教学，与现代大学的专业设置思想有相通之处。特别是其中的劳动教育和职业教育，即便到现在也很先进，可以说是开风气之先。

开创颜李学派

颜元一生学术，始于学习宋明理学，在实践中感悟宋明理学之非，终而否定并反对宋明理学，树起实学思想大旗。他经过长期的思考和实践，逐渐形成了以实践、实用为特点的学术思想。他提倡实文、实体、实行、实用，提倡躬行践履、经世致用，反对空谈，反对静坐读书。他一生从教，北上辽东，南游中原，主教漳南书院，问学辩难，影响遍及海内。迄今有姓名记载的学生有100多人，南及湖广，北及关外，他们继承和宣传颜元的学说，倡导经世致用的实学学风，重视习行、习动、践行，形成了盛极清初的一个学术流派。他的学生李塨一生致力于颜元学术的传播，他交游广泛，弟子众多，使颜元学术北传至关陕，南传至江南，在学术界引起巨大反响。颜元的学说因李塨而发扬光大，因而后世称此学派为“颜李学派”。颜李学派的主要人物北方有颜元、李塨、王源、钟錂，南方有恽鹤生、程廷祚。颜、李二人去世后，其学术传承虽式微却绵绵不绝。晚清河北王灏重刻颜李著作，浙江戴望著《颜氏学记》，永嘉学派后学孙依言、孙

↑ 著作《实学大师颜元》

锵鸣、宋恕等无不深受颜李学派的影响，对民初颜李学的复兴起到重要作用。

“北学之宗”

颜元给漳南书院拟写的对联云：聊存孔绪励习行，脱去乡愿、禅宗、训诂、帖括之套；恭体天心学经济，斡旋人才、政事、道统、气数之机。

这副对联充分体现了他将古代两千年的学术一壁推倒、创新学术的气魄。梁启超在《近三百年学术史》中称赞颜元说“对于旧思想之解放，最为彻底。……焉举朱陆汉宋诸派所凭借者一切摧陷廓清之，对于二千年来思想界，为极猛烈、极诚挚的大革命运动”。

中国古代儒学自孔孟之后，在汉为考据，宋明转虚而有理学、心学，清初由虚入实，实学成为其归宿，而颜元的实学思想被认为是清初实学的代表。

影响历史进程

清末民初，颜元实学思想因契合救亡图存的社会潮流而复兴，在当时的社会影响巨大。1919年，民国大总统徐世昌到博野北杨村瞻仰颜习斋祠堂，题写“北学之宗”牌匾，悬于祠堂。从此，颜元“北学之宗”之名不胫而走。1920年6月27日，在徐世昌的倡导和主持下，四存学会在北京府右街太仆寺旧址成立，发起人主要是京津一带的政、学界要人，包括齐振林、齐树楷、严修、李见荃等46人。徐世昌委派其秘书马吉樟代为致辞，推举张凤台任会长，赵衡任副会长，李学均任总务主任干事。到1922年，会员达730人。

四存学会制定《四存学会简章》《四存学会详则》《四存月刊编辑专则》等规章制度，以阐明颜李学说、习行一贯为宗旨，会员“学不分新旧，人不分中外”，只要有志于教育、有一定文化知识或者一技之长，皆可入会。会员入会不收会费，但可以认捐。四存学会建立经费约3000元，常年经费约2000元，均由徐世昌一人承担。四存学会设演讲堂，举行定期和不定期演讲，演讲内容涉及各个方面，除了颜李思想，国家大事、社会问题、政治形势无所不谈。根据颜元思想的精神，结合现实，将会员的功课分为政学类、文学类、武学类、艺学类，涵盖文学、武学、史学、法政、医学、教育、名学、工学、化学、农学、美术等。四存学会根据颜元习学理论，在府右街设两个实验场，一为四存中学教育实验，一为会员实验，“采取中国农学，参以泰西新法”。并在颜元家乡北杨村建四存学校，后发展为四存中学。北杨村四存中学秉承颜李学务实的精神，实行新教育方案，成为当时名满全国的名校。全面抗战爆发后，北杨村四存中学南撤，辗转河南、安徽、甘肃等数省，1946年迁回保定，1948年解散。按照四存学会构想，学会总部设于北京，各省建立分会，先后成立山西、河南、直隶分会。四存学会会刊《四存月刊》，内容分颜李学、论说、专著、译稿、讲演、艺文、谈业、附录8类，每月1期，共出版20期。四存学会存续期间，搜集、整理颜李学派的著作共42种并出版，为颜元思想的传承研究作出重要贡献。

颜元开创的求真务实、躬行实践的实学思想，是中国古代优秀文化的结晶，是中华民族优秀传统文化的重要组成部分。

颜元思想研究

对颜元思想的研究，在颜元在世时就已经开始，如颜元的朋友张文升的《存治翼编》、弟子李塨的《瘳忘编》，就是推演颜元《存治编》的学术成果。此后各个时期，众多学者从不同的角度研究颜元思想，成果丰富。

河北师范大学陈山榜教授潜心于历代颜元思想研究著作，从哲学、政治、教育、经济、军事等方面总结了颜元学术思想。他在《颜元像赞》（《颜李学派教育论著选》，陈山榜编，人民教育出版社，2015年版）一文写道：其为人，品德高尚，诚正笃实，事亲尽孝，与人重信。虽自幼及壮，孤苦备尝，然非其所有，一介不取。志在天下，不恤身家，心血屏营，民命是济。好学肯做，终身不辍，文而兼武，农医并业。于经济，则倡均田；于政治，则尚民治；于哲学，则力主格物致知，尤重实践实行；于教育，则倡行因材施教，独贵实学实习。所办习斋学塾，存续四十七年，弟子遍及长城内外、大河南北，二十则教条流传古今；主教漳南书院，文事、武备、经史、艺能，分斋设科，俨然综合大学一座，创人类教育史上之奇迹。开中国新教育之端，奠华夏新思维之基。昔称先生为北学之宗，其实南人亦少有能与伦比者。与杜威并论，远早于杜威；与

↑ 2015 年博野颜元思想研讨会

洛克同时，识高于洛克。先生是举世罕见之代表民众利益的大教育家和大思想家。

↑ 颜李学派文库

陈山榜教授指出，颜元思想具有明显的四大特征：一生孤苦备尝，只身几无栖泊，而心血屏营，却无一刻不流注民物，是其平民性；注重实践实习，提倡实文实行实体实用，是其务实性；不计身命之虞，敢于将两千年来的虚浮文化予以摧陷廓清，是其批判性；而在政治、经济、军事、教育等诸多领域，敢于提出、实践前所未有的新思想，则是其创新性。

颜元的哲学思想

理气一体　颜元沿用了宋明理学“理”和“气”的哲学概念，主张理（客观规律）、气（物质）一体，二者是不可分割的，反对宋明理学“理先气后”“气质分善恶”“存天理，去人欲”的理论主张。他说：“若无气质，理将安附？”认为理之在物，即物之性也。颜元的理气观近似于马克思主义哲学“没有物质的运动和没有运动的物质都是不可能的”这一判断。

先知后行　实践是获取知识的手段，又是认知的目的，也是检验知识的标准。颜元主张行先知后，主张认识来源于实践，不经过实践的“知”不是真知。他说：“读得书来，口会说，笔会作，都不济事，须是身上行之，方算学问。”这就是实践标准。

体用一致 颜元主张理论的价值关键在于“用”，也就是“实用”和“实行，凡“理”均不应脱离“事”和“用”，否则就是虚理。这种主张，就是把来源于实践的理论转而用于指导实践。颜元重实用，并非轻视理论，他只是反对那些脱离实际的空洞说教而已。

人性论 颜元认识到了世界的自然属性，宇宙就是一个大自然，就是传统哲学上所说的“天”，而人就是其中的组成部分。他说：“人之性，即天之道也。”颜元大胆地突出了“人”的地位，突出了人的个性和欲望的合理性，即人的觉醒。颜元理解的人性，指的是人体的机能，并且主要是人的心理机能。他说：“心之理曰性，性之动曰情，情之力曰才。”这些论述已经初具现代心理学的雏形。除此以外，颜元是坚定的性善论者，他认为恶来源于社会环境中的不良思想、不良习气以及贪欲的影响。所以，教育就是要使人改过迁善，去其“习染”而发扬人性本有之善。

义利观 颜元既主张逐利的正当性，又提倡以义为利，义利兼重。颜元彻底批判传统的重义轻利甚至把义和利对立起来的义利观，提出了“正其谊而谋其利，明其道而计其功”的义利新解，成为清初实学在义利问题上的一大突破。他认为正常的逐利行为有利于社会的发展，并说“义中之利，君子所贵”，逐利行为不能违背法律和伦理道德。颜元“正谊谋利”“明道计功”的义利观，充分体现了他注重效用、倡导习行的事功思想，不仅富有创新性的理论价值，而且也有其重要的现实意义。

颜元的教育思想

教育目的 他将教育目的由传统的“治人”变为“民命”，为解决广大人民的生计而办教育，为培养德才兼备的经世致用的人才而办教育。颜元把人才分为两类：全体之圣贤和偏胜之圣贤。全体之圣贤要“上下精粗皆尽力求全”，相当于现在提倡的通才精英。偏胜之圣贤是“终身止精一艺”的专门人才，相当于现在的专业人才。他的“偏胜之圣贤”的思想，开了中国历史上平民教育思想的先河，明确提出培养民众的生存能力。颜元认为，学生只要有了“终身止精一艺 ”的实用技能，进可以食俸禄，退可以谋生，达到“学也必无饥”的目的。所以，颜元可以被称为平民教育家。

教育内容 颜元认为尧、舜、周、孔都提倡实学、行实教，既有利于个人又有利于国家，他主张以尧舜倡导的“三事六府”，周公和孔子所倡导的“三物”，以及劳动、体育、专业技术为教育内容，包含了德、智、体、美、劳等诸多方面的内容，反映了他培养全面发展的人的教育目标。他主张的教育内容可归纳为“三育”。

德育：他重视德育，提出了独树一帜的唯实德育观，将德育与身体力行结合在一起，认为“仁、智、勇，古今之达德也，立德、立业俱在于此”。

智育：他对智育的核心内容进行彻底变革，以实际有用的学问代替八股制艺。颜元有两个历史性功绩，其一是把自然科学知识正式列入教育内容，其二是把传统的经史教育实学化。

体育：颜元对体育高度重视，以他在漳南书院的教学为例，书院设操场，让学生进行举重、赛跑、跳远、武术等体育训练。他力倡教学不离体育，以实现德、智、体全面发展。

教育方法 颜元的教育方法可以概括为“习行，因材施教，慎批评重奖掖，兼顾全面，注重专长”。

习行：少讲读而多习行。习行是颜元教育思想中的核心方法，是颜元学习方法论的显著特征。

因材施教：因其材而专其业。颜元主张“人之质性近夷者，自宜学夷，近惠者，自宜学惠”，不同年龄和禀赋的学生应传授给他们不同的学习内容。

慎批评重奖掖：颜元认为“数子十过不如奖子一长”。意思是说，数落孩子的诸多过失不如褒奖孩子的某个特长，也就是我们现在常说的鼓励式教育。

兼顾全面，注重专长：颜元既要学生“成文治之美，而具武治之实”，又要求“宁为一端一节之实，勿为全体大用之虚”“学须一件做成，便有用，便是圣贤一流”。

颜元的政治思想

颜元的政治思想可以概括为二十二字方针：以七字富天下：垦荒、均田、兴水利；以六字强天下：人皆兵、官皆将；以九字安天下：举人才、正大经、兴礼乐。他的政治思想是在复古的旗帜掩护下，用旧的语言提出的，他自称是“师古之意”，而不是“袭古之迹”。他的政治思想有如下几个特点。

以“民命”为旨归，具有鲜明的人民性。这既是他的政治思想的特色之所在，更是其政治思想的先进性之所在。他把“均田地”作为政治的第一要义，把解决土地问题当作民生的首要任务。颜元心血屏营，则无一刻不流注民物，通过办教育使百姓得“养”。

倡民治且以精简机构。颜元借“封建”以削君权而行民治，通过精简机构、提高效率来减轻人民负担。

建言废科举，借“乡举里选”“公课”以倡民主。颜元认为八股取士的科举制度不仅有害事业，而且不人道，他提出了“乡举里选”的选拔官吏的办法，具备了诸如“百姓之实征”“选举”“公课”等朴素的民主思想萌芽。

虽然颜元的政治理想在当时无法实现，但这并不妨碍其思想的进步性。颜元去世二百多年之后，科举考试终于废除。

颜元的经济思想

颜元深知民间疾苦，潜心探究经世济民之策，提出了轻赋税、均田亩、兴水利、教以济养等经济主张。

↓ 颜习斋祠堂街道壁画——二十二字治天下

均田亩 “使予得君，第一义在均田。田不均，则教养诸政俱无措施处。”

兴水利 颜元在“富天下”方略和《农政要务》中，都将“兴水利”作为重要内容。他的水利思想不仅有除害兴利的考虑，兼顾农、商、交通诸业，而且虑及政治、军事的作用。

轻赋税，时工役 “轻赋税，时工役”是颜元所提“济世九典”之中的两典。国家征用民工以不与农桑争劳力为原则，以不违农时为目的。“轻赋税”的主张迄今仍有极为重要的意义。

教以济养 “教以济养”是颜元教育思想的一个亮点，更是颜元经济思想的一个亮点。他主张“教以济养，养以行教。教者养也，养者教也”。这种教育、经济思想是颜元前无古人的创新。

颜元的军事思想

颜元的军事思想，特别是他的“全民皆兵”的思想，对近现代中国军事影响重大。他的军事思想主要有以下几项。

善战者加上赏 颜元打破许多儒者不屑谈兵的桎梏，将儒家倡导的智、仁、勇与军事紧密联系起来，提出“善战者加上赏”，为生民之福而崇兵尚武。

人皆兵，官皆将 颜元提出以六字强天下“人皆兵，官皆将”，构建兵农合一的军事国防体系。

在实践中作养将才 将才当以历练作养，通过实践来选拔那些有真才实学的有机权干略的人才，而不是简单地通过考试定优劣。

学校也，教文即以教武 颜元极其重视军事教育，他认为学校教育应当文武兼备，而不应重文轻武。

颜元的民间传说

送行

颜元的父亲是蠡县一个叫朱九祚的小官的养子，所以颜元生于蠡县，从朱姓。颜元很小的时候，父亲去了关外，杳无音信。父亲走后，颜元母子受到排挤。颜元12岁时，他的母亲不得不改嫁。养祖母刘氏病逝后，朱九祚的亲儿子朱晃多次挑唆朱九祚，不但夺走了颜元的田产，还将他赶出了家。但是颜元一直对养祖父母非常孝顺。颜元30多岁时偶然得知自己的原籍是博野北杨村，祖母还健在，就有了归宗的想法。但是他感念养祖父母的养育之恩，决心尽到生养死葬的责任。直到养祖父去世后，他才申请归宗，得到了批准，准备迁回原籍。

颜元在蠡县生活期间救难济贫，深受乡人爱戴。人们听说他要迁往博野，纷纷前来送行。

颜元搬家那天，沿路各村群众，聚到街头摆酒食，送礼品，为他送行，泪涟涟地不忍分别。

有个白发老太太，将家里仅有的一只母

↑ 博野县档案馆存颜元画像

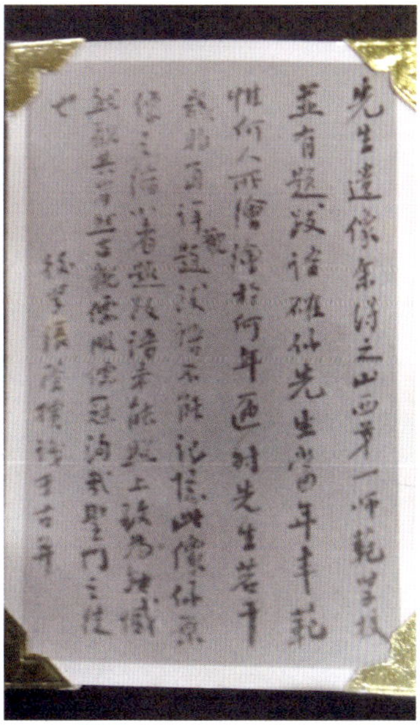

↑ 博野县档案馆存张荫梧书写颜习斋遗像来历

鸡抱来了。颜元见老人衣衫破烂，生活艰难，执意不收那只鸡。老太太说："你为民救苦救难胜过菩萨，这是我的一点心意，这只老母鸡不下蛋了，我喂着又没粮食，你就拿去吃了吧。"

颜元望着老太太，不由心酸地说："老人家，你的东西我吃不下，不要让我难过了。"

两人一个诚心要送，一个执意不收，正在争执，老太太怀里的母鸡，一翘尾巴，下了一个大鸡蛋。老太太见下了个蛋，高兴得不行，坚决要把鸡和蛋送给颜元。

颜元实在推脱不过，说："这鸡和蛋我全收下，可不知该怎样报答您呀？"

老太太说："我已经没有几日的活头了，你还是多为众人想想吧！"

颜元对老人拜了两拜说："老人家，我若辜负你，天理难容啊！"颜元抱起鸡、抓起蛋，洒泪与老人辞别了。

随颜元同行的刘焕章，见到这般光景很是感动，接过颜元手里的鸡说："人间自有真情在呀！"

两人坐在车上想心事，马车缓缓而行。过了很久，颜元若有所思地说："天之生人，有一身之人，有十人之人，有百人之人，有千人万人之人……"

刘焕章接着道："是啊，如果一个人只为自己，那么他无论如何兢兢以强，无论活多大年纪，到头来，只能是个一身之人啊！"

颜元感慨地说："我若做那一身之人，还有何面目见乡亲父老啊！"

刘焕章道："乡亲对你如此敬重，能说你不是万人之人吗？"

颜元说："不要说了，受之有愧呀！"

作画

秀才刘源深有个女儿叫兰秀。兰秀十七岁嫁给石鹏为妻，过门不到一百天，丈夫病亡。

刘源深脑筋古板，对女儿说："常言道，好马不配二鞍，好女不嫁二男，你是书香门第之女，不能给刘家丢脸。"

兰秀在家孝父母，出嫁敬公婆，大门不出二门不迈，是个柔弱女子，对父亲的话不敢不听。

刘源深夸女儿是烈女，要为兰秀立贞节碑。

这件事被颜元的弟子钟錂听说了，写了篇文章表彰刘兰秀。

文章写好后，钟錂拿给颜元看，想听一听先生的意见。

颜元看罢之后说："刘源深不是要为他女儿立贞节碑嘛，你就再改一改当碑文吧。"

钟錂没有听出颜元的弦外之音，说道："弟子学识浅薄，还是先生改一改好。"

颜元冷笑着说："我不会帮人对自己的女儿落井下石。"

钟錂说："先生，难道你反对女人守节吗？树碑立传是抬举，怎么又能说是落井下石呢？"

颜元很生气，拍着桌子说："有了一块贞节碑，刘兰秀这一辈子就别想再嫁人了。我不反对夫妻之间守节，那是指活人对活人，你们要活人为死人守节，那是节外生枝。"颜元说罢，气哼哼地走了。

过了几日，颜元画了一幅画，画面是一个秃头老和尚，一脚将一个女子踢到井里，一手托着一座塔，放到井口上。

颜元将画裱好之后交给钟錂说："你不是和刘源深是好朋友吗，那你就给他送去吧。"

钟錂将画展开一瞧，问道："先生，你画的是白蛇传的故事吗？"

颜元说："不错，秃头老和尚是法海，女子是白蛇娘娘。"

钟錂想，先生分明是借白蛇传的故事挖苦刘源深，说道："这幅画送给刘源深合适吗？刘兰秀可是他的亲生女儿啊！"

颜元叹道："人一旦鬼迷心窍，就不认得女儿了。"

钟錂辩解说："刘源深从不信鬼。"

颜元说："可他信奉存天理、灭人欲的鬼话！去吧去吧，刘源深中程朱理学的毒太深了，应该让他好好想一想。"

格物致知

颜元认识到自己的教学脱离实践之后，便经常和学生参加田间劳动。

一日，他和学生锄田，直干到晌午还不肯歇息。赤日炎炎，挥汗如雨，他一边干活，一边吟起一首古诗："锄禾日当午，汗滴禾下土。谁知盘中餐，粒粒皆辛苦。"他吟了一句，身边的学生也跟着吟起来。

他直起腰擦着汗问学生："这诗很好吗？"

学生们说："好极了。"

颜元说："这首古诗我们不知读过多少遍，总也读不出什么诗味，只有今天才真正领略到诗的境界。"

回到塾馆，颜元就将大门上的牌匾给换了，把“思古斋”变成了“习斋”。

村里人看后，议论纷纷。

这天上课后，学生们坐得整整齐齐，室内鸦雀无声。颜元站在讲台上，翻着桌子上的书说：“《大学》我们已经讲完了，格物致知，谁能解释？”

学生们举起手来。颜元看了看台下，指着学习成绩很好的钟錂说：“你说说吧。”

钟錂站起来，从容不迫地说：“王阳明说格物为正心，只有不断更正自己的心才能知道圣道；朱熹解格物为穷理，是对事物真理的追求。”

钟錂说完，望着先生，等着老师夸奖。不料，先生很不高兴地说：“不对不对，一派胡言。正心也好，穷理也罢，和做事相去甚远。格物者，就是自己干一番，在干中才能获得对物的认识。王阳明说格物为正心，如果离开自己所做的事，怎么能知道是功还是非？朱熹大谈‘穷理’，如果连梅枣都没见过，而奢谈穷尽其酸甜之理，岂不是笑话！”

学生们听得入神，钟錂却不服气地说：“正心、穷理之说，是先生在课堂上亲自讲的，怎么现在又变了？”

颜元哈哈笑道：“你过去读的是思古斋的书，现在你听的是习斋的课，此一时彼一时。”

射箭

一天，颜习斋先生和学生一起在村头练习射箭。

村头的练习场绿荫满地，土软草青，天上白云片片，气爽风轻。先生兴致勃勃，将长衫脱下，放在一旁，只穿着紧身衣裤。只见他抖擞精神，屏气凝神，弓开如满月，箭去似流星，“嗖嗖嗖”连发六箭，箭箭不偏不倚，都中了靶心。

学生们也都挽弓搭箭，瞄准靶心射。每人连发数箭，可没有一个人全中靶心。

大家都纷纷称赞先生射技高超，是神射，学生们谁也比不上。习斋先生却老大不高兴，撇下弓箭，披上长衫，独自回学堂去了。

学生们见老师不高兴，都莫名其妙，见先生走了，都觉得无趣，也都收拾好东西回去了。

第二天，学生们纷纷前来打问先生昨日弃箭返校的原因。

先生沉默了好一阵，长叹了一口气，缓缓地说：“孔圣先师当初也教了好多学生，其中颜回的仁义宽厚超过了孔子，仲由的忠勇果敢也在孔子之上，端木赐的能言善辩更是孔子所不及，我想正因为青出于蓝而胜于蓝，孔学才能不断发扬光大，成为后人修身立命之道。而现在我教了你们这么多学生，别说超过我的，就是赶上我的人也没有，如果是这样，我们这一学派还有什么前程可言呢？我怎么能不伤心呢？”

学生们听了先生这一席话，都恍然大悟，一个个暗下决心，一定努力奋进，不辜负先生的苦心教诲。

后来，凡随先生学习的人，学业都有了突飞猛进的发展。其中李塨成了著名的学者，发展了颜习斋先生的学说，后人就把这一派学说称为颜李学说。

故里遗存

今存颜习斋祠堂，在北杨村西偏北，为河北省文物保护单位。颜元墓原在北杨村村西，现已损毁，原址现为民居，墓碑今存颜习斋祠堂。县城博兴路南建有颜元文化广场，广场矗立颜元大理石雕像；颜元文化广场西路北有颜元纪念馆，以图文和实物的方式展示颜元的一生和成就。

颜元墓

颜元墓原在北杨村村西，今已不存。《四存校刊》（四存中学刊印，1935年版）收录梁容若撰写的《访颜习斋先生墓》一文，文中描述了颜元墓："墓在北杨村西，离四存中学约二里，低低的一抔荒丘，错杂在颜氏族人的许多坟墓之间，晚植的柏树还未能葱郁成林，四望平畴无际，也说不上什么来龙去脉，这，便是我们的经文纬武、参天拔地的绝代学者，不，绝代志士，民族灵魂颜习斋先生长眠之地，坟前碑上刻着尹会一氏所撰的墓表。"博野县档案馆存有20世纪60年代拍摄的颜元墓照片两幅，下部青砖围砌，整体呈圆锥形，墓前有青砖砌成的碑亭。

↑ 博野县档案馆存颜元墓照片，拍摄于20世纪60年代

颜习斋祠堂

颜习斋祠堂位于北杨村村西偏北，其前身是颜元创办的学塾“习斋”。康熙四十三年（1704），颜元去世以后，他的弟子共议在习斋悬挂“习斋学舍”匾额，并书写“颜习斋先生神位”神牌，供奉于习斋。每年的二、八月上辛日，众人于此集会祭祀，并讲习颜元实学。这就是最早的颜习斋祠堂。

雍正七年（1729）之后，颜习斋祠堂逐渐圮坏。乾隆九年（1744）吏部侍郎尹会一奏请重建颜习斋祠堂。咸丰十年（1860）重修。

民国时期，大总统徐世昌推崇颜李学说，认为颜李学说可以富民强国。1919年1月，徐世昌专程来博野北杨村拜谒颜习斋祠堂，并捐款修缮。1963年，河北省文物局拨款修缮。可惜后来祠堂的大门、二门、厢房、耳房被夷为平地，仅余正殿三间山墙、四根廊柱。1993年，河北省文物局拨款修复三间正殿和院墙。1995年，河北省人民政府确定颜习斋祠堂为省级文物保护单位。

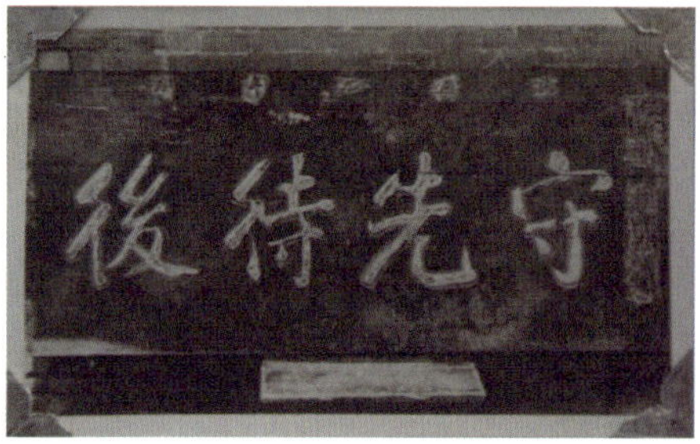

↑ 颜习斋祠堂旧貌——守先待后匾

祠堂原为清代建筑，呈一殿、二阁、四厢房、九门九对的格局。大门为硬山式顶，前设五级汉白玉台阶，门外有汉白玉石狮一对，门额悬有“北学之宗”匾，徐世昌题。门楼内东西有对称的暖阁，暖阁朝南各开一方棂格木窗。前院东西两侧各有两间厢房。二门为四柱亭式歇山顶门楼，门额悬“道冠群儒”匾，齐树楷题。楹联“辞习礼乐兵农门多将相，发明工虞水火人在羲皇”。二门后厦设屏风，上悬“昌明圣学”匾，蒋式芬题。后院北为正殿，东西各为三楹厢房。正殿三楹，门额悬“文孝先生”匾，门人李塨、王源题。楹联“抱道不辞筋力苦，著论能补心性空”，徐世昌撰并书。殿堂正中悬颜习斋先生像，左右配李塨、王源、恽皋闻、钟錂牌位。左廊题“文事”，右廊题“武备”。殿内悬名人题匾，有于成龙所题“敦伦风仕”匾以及后代学人所题“守先待后”“荷圣包贤”等匾。

↑ 颜习斋祠堂旧貌——正门

祠堂今有三间正殿、围墙和大门。祠堂的正殿呈长方形，面阔三间，进深一间，布瓦歇山顶，方砖盖顶。殿内有颜元坐像，东侧配李塨、王源的牌位，西侧配恽皋闻、钟錂牌位。北墙悬挂颜元画像，新制匾额两块，一为“中华瑰宝”，一为“倡明圣学”，另有今人题字、题联。

↑ 颜习斋祠堂旧貌——西侧照

祠堂现存碑刻六块。大门外东侧有颜习斋先生故塾碑，清末民初书法家蒋式芬书。祠堂正殿东廊有颜习斋先生墓表碑，尹会一撰文，蒋式芬书丹；西廊有颜习斋先生传略碑，张荫梧撰义，王

↑ 颜习斋祠堂正殿

↑ 颜习斋祠堂大门正面照

凤翔书丹。院落东侧有李福星捐修四存中学花墙记碑和博野县长张愈所立颜习斋先生神道碑。院落西侧为四存学会在原祠前所立纪念碑，可惜后来被损坏，残碑为颜氏族人颜景欢、颜世绪父子保存，后移置祠堂院内。

农历每月初一、十五，北杨村及附近村民来祠堂祭拜，每年正月十五在祠堂开展盛大的纪念活动，不断有来自海内外的学者到祠堂参观祭拜。

颜元纪念馆

今博野县城内有颜元纪念馆，位于县政府西博野县总工会院内，仿古建筑，约400平方米，分四个展区，分别为颜元生平故事展区、后世影响展区、习斋体验区、漳南书院展区，展现颜元一生故事、思想成就与影响、继承与研究等内容。

↓ 颜元纪念馆

颜元广场雕像

颜元纪念馆漳南书院展厅

颜元纪念馆颜元思想传承与影响展厅

颜元纪念馆习斋体验厅

颜元纪念馆入口影壁

颜元纪念馆生平与成就展厅

中国民间文化遗产抢救工程

THE PROJECT TO CHINESE FOLK CULTURAL HERITAGES

博野人杰地灵，从古至今涌现了无数志士仁人，既有为民请命的古代名臣，也有孜孜求索的现代科学家；既有文采风流的文士，也有征战沙场的武将，更有天赋极高的艺术家，为博野绘制五彩斑斓的人文图景……他们是博野的脊梁。

↓ 程茂兰科技天文馆

第四章
杰出人物

古代人物

西汉清官赵广汉

赵广汉（？—前65），字子都，涿郡蠡吾（今博野）人。赵广汉是中国历史上著名的清官。他曾先后担任平准令、阳翟县令、京辅都尉、颍川郡守、京兆尹等职。因为赵广汉从底层小吏做起，所以比较了解民间疾苦。他言谈随和、待人真诚、礼贤下士，常将功劳归于部属，人们都愿意为他效劳。他为官期间清正廉明，精于政事，以强有力的手腕处置违法的豪门权贵，维护百姓利益，因而深受百姓爱戴。汉宣帝地节三年（前67），丞相魏相侍婢被私自绞死。赵广汉此时正担任京兆尹，于是上书控告丞相，反遭诬陷下狱，并于元康元年（前65）被腰斩，京师百姓无不垂涕。《汉书》载："广汉虽坐法诛，为京兆尹廉明，威制豪强，小民得职。百姓追思，歌之至今。"

↑ 赵广汉

"真汉相"王商

王商（？—前25），字子威，西汉大臣，涿郡蠡吾（今博野）人。汉元帝甘露三年（前51），袭父爵为乐昌侯。王商为人正直，德行优异，因而得到了大臣们的举荐，说王商"行可以励群臣，义足以厚风俗，宜备近臣"，汉元帝简任王商为右将军、光禄大夫。汉成帝时，王商改任左将军。建始四年（前29），王商任丞相。

王商身材高大，容貌威重。河平四年（前25）匈奴单于来朝，拜谒王商，王商起身离席与单于交谈时，单于仰望王商，心生畏惧，竟然不自觉后退。汉成帝听说后感叹说："此真汉相矣！"同年，大将军王凤姻亲琅琊郡太守杨肜辖境频发灾害，王商秉公查办此案，得罪了权臣王凤。公元前25年4月，王商被罗织罪名免相，三日后去世。

↑ 王商

大唐秦王李茂贞

李茂贞（856—924），原名宋文通，唐代深州博野县白塔宋村（今博野宋村）人。宋文通生于农家，自幼习文练武，天资聪慧。乾符元年（874），宋文通加入镇州博野军，屡立军功，升任队长。中和元年（881），宋文通在平定黄巢叛乱中屡立战功，升任神策军指挥使。光启二年（886），因护唐僖宗有功，升武定节度使，赐姓李，名茂贞，并亲制字正臣，入皇家典册。光启三年（887），李茂贞率部平灭凤翔节度使李昌符部，升任凤翔、陇右节度使，兼凤翔尹，加封检校司空、同平章事、御使大夫、上柱国、陇西郡公。文德元年（888），唐昭宗即位，李茂贞升检校侍中。景福二年（893），唐昭宗任李茂贞为西道招讨使，讨平反叛朝廷的宦官杨恭复，受命兼任山南西道节度使，加封中书令。至此，李茂贞已拥有四镇十五州的地盘，甲兵雄盛。光化三年（900），宦官发动内乱，逼唐昭宗退位，天复元年（901），宰相崔胤指使神策军，斩杀宦官，率百官迎唐昭宗复位。李茂贞率部来朝，唐昭宗下诏封其为岐王，守尚书令。天祐四年（907），朱温灭唐，建立后梁。后梁龙德三年（923），李存勖灭后梁，建立后唐，李茂贞上表称臣。后唐庄宗封李茂贞为秦王。后唐同光二年（924），李茂贞病死于凤翔府私第，谥号忠敬。

连中三元第一人崔元翰

崔元翰（733—795），名鹏，字以行，唐代博陵安平（今河北博野）人。

崔元翰通经史，工诗文。唐德宗建中二年（781），崔元翰年近五十始举进士，且连中三元（一个人身兼解元、会元、状元），成为史上连中三元第一人。之后，博学宏词科、贤良方正科、直言极谏科又皆第一。贞元三年（787）入朝为太常博士，迁礼部员外郎，贞元七年（781）转职方员外郎，知制诰。他在朝堂廷议中言辞温厚，举止庄重得体，有典诰古风，然而他生性刚烈，因而得罪权臣，担任知制诰不到两年即被降职，不久病故。

崔元翰是学者型的官吏，为官贤良方正，为学博学多才，性喜孤独，极少结交，一心于翰墨，好学不倦。他师法班固、蔡邕，尤善对策、奏记及碑志，主张文以载道。

北宋名臣程琳

程琳（988—1056），字天球。永宁军博野（今博野县程委村）人。北宋名臣。宋大中祥符四年（1011）程琳被举荐服勤辞学科，先后任秘书省校书郎、泰宁军节度推官、著作佐郎。

宋仁宗即位后，程琳升任太常博士，权三司户部判官，契丹馆伴使，负责接待契丹使者，因多次折服契丹使者，升任右谏议大夫，代理御史中丞。第二年升枢密直学士，知益州。在益州任上，程琳捕杀了蛊惑人心、图谋不轨的人，朝中有人诽谤他妄杀人命，宋仁宗派人调查，结果证明程琳确为诛妖止乱。宋仁宗因此对他信任有加，把他召回京师担任给事中，知开封府。他在任开封府数年，政事清明高效，盗讼稀少，监狱多次空无一人。此后他历次升迁，担任户部侍郎、吏部侍郎、尚书左丞、资政殿学士。

契丹在西北驻扎重兵，并派遣使者到宋朝探听虚实，图谋南侵。皇帝将河北、陕西的守卫重任交给程琳，于是他留守大名府，积极备战，恩威并施，契丹因此放弃了南侵的计划。四年后，程琳升任工部尚书、资政殿大学士，兼任河北安抚使。程琳镇守大名府前后十年，稳定了边疆，受到人民的拥戴。至和三年（1056）闰三月七日，程琳在镇安军节度使任上病故，追赠中书令，谥号“文简”，封魏国公。次年，加赠太师、尚书令。

元朝大将史弼

史弼（1233—1318），博野县北阳庄人，元代名将，中国远征海外第一人。《元史·史弼传》载，史弼“膂力绝人，能挽强弓”，能将二百公斤重的石狮子托举着行走数步。忽必烈曾召见史弼，叫他试射远垛，史弼连发连中。

史弼作战骁勇，胆识过人。主政地方时，刚柔相济，明察民情，体恤百姓，深受百姓爱戴。

至元二十九年（1292），史弼领军两万、战船千艘自泉州后渚港启航，远征爪哇，一路经过七洲洋、万里石塘，越过交趾、占城等国，最后驻兵伐木，造小船攻入爪哇，但是劳师远征，后继不至，损失惨重，不得已撤兵，战损三千余人，因而受到责罚。延祐五年（1318），升平章政事，加银青荣禄大夫，封鄂国公，同年病死。

元代状元李齐

李齐（1301—1353），字公平，祁州蒲阴（当时的蒲阴包括今安国县和今博野县西部）人。少年家贫，但是勤奋求学，工于辞章。元统元年（1333）中左榜状元，授承务郎，后任高邮府知府，有政声。

至正十三年（1353），张士诚破泰州城，河南行省派遣李齐前往招安，被张士诚扣压。不久，张士诚部内讧，李齐得以返回。后张士诚又造反，杀参知政事赵琏，劫财掠民，攻破兴化、高邮。当时李齐出守甓社湖，受命于行省前往劝降被执。张士诚本无降意，元军攻城时，张士诚以李齐为人质要挟，李齐不肯屈服，怒斥张士诚说："吾膝如铁，岂肯为贼屈！"李齐挺立不跪，盛怒之下的张士诚让人捶碎他的膝盖，而后剐死。

明内阁首辅大臣刘吉

刘吉（1427—1493），字祐之，博野县大程委村人。明正统十三年（1448）进士，后改庶吉士，授编修，充经筵讲官。成化十一年（1475）刘吉成为内阁首辅，屡遭弹劾而不倒，权势煊赫。《明史列传第五十六》记载"吉多智数，善附会，自缘饰，锐于营私，时为言路所攻。居内阁十八年，屡遭弹劾而不倒，人目之为'刘绵花'"。刘吉为文朴实，不尚浮华，长于史学，修《寰宇通志》《英宗实录》《文华大训》《宪宗实录》等。1493年卒，赠太师，谥“文穆”。

清代名宦尹会一

尹会一（1691—1748），字元孚，号健余，博野县东章村人，清代名宦。雍正二年（1724）进士，历任吏部主事、襄阳知府、扬州知府、两淮盐运使、河南巡抚、江苏学政、吏部侍郎督江南学政等职。担任地方官期间，救恤赈灾，治绩显著，提倡文教，增订《洛学编》，命州县建立社学。尹会一孝母闻名于世，每日向其母汇报政事，其母尹李氏对他督责严格，尹会一自谓善政皆出于母教。尹会一母子在襄阳、扬州政声很高，卸任时江淮数百里运河两岸挤满了为尹会一母子焚香叩送的百姓。尹会一终身钦慕颜元之学，但言义理仍宗程朱，平生尚实行而薄空言，重身心而轻文字。后人纂有《健余先生文集》。

清代儒臣尹嘉铨

尹嘉铨（1711—1782），字亨山，尹会一之子。历官山东、甘肃等省的司、道等官，后升大理寺卿，官正三品，居九卿之列，同时负责满族贵族子弟的教育。尹嘉铨一生治学、为官秉承家教，清廉正直。他担任刑部主事期间，对每一个案件都详查深究，力避冤案，甚至不惜因此和上司犯颜力争。同僚每每笑其迂腐不化，他却始终坚持，终获上司认可和朝廷褒奖。尹嘉铨治学严谨，著述丰富，有《贻教堂文集》《近思录》《随王草择言》《皇清名臣言行录》《尹氏家谱》《思诚轩奏疏》《二山尺牍》《就正录》等近百部著述。晚年因为父请谥获罪，其著作亦被焚毁。

近现代人物

↑ 程茂兰

中国天文台首任台长程茂兰

程茂兰（1905—1978），博野县沙窝村人，中国著名天体物理学家。1924年毕业于保定第六中学（今保定一中）。1925年赴法勤工俭学，1939年获法国国家数学科学博士学位，1942年任里昂和上普罗旺斯天文台副研究员，1945年任研究员，1949年10月成为法国国家研究中心的研究导师，1956年获法国教育部骑士勋章。1957年7月，程茂兰绕道瑞士回国，担任北京天文台筹备处主任，后任北京天文台第一任台长。1962年后，他先后任中国科学院数理学部天文委员会副主任委员、中国天文学会第二和第三届理事会副理事长、第二和第三届全国人民代表大会代表。

程茂兰是新中国天文事业的奠基人。他毕生从事实测天体物理研究，主要从事天体的光谱分析，在恒星的照相红外分光光度研究、猎户座气体星云光谱研究和夜天光谱研究中取得重要成果，发展了用照相分光光度法确定大气中臭氧层厚度的方法。他发表论文百余篇，其中重要学术论文68篇。中华人民共和国成立后，他主持北京天文台光学观测基地的选址和兴隆观测站的建设，促进2.16m口径光学望远镜的研制工作。他提出并促成北京大学天体物理专业的设置、支持北京师范大学天文系的设置，为北京天文台和全国天文学界培养了一批优秀的骨干人才。

2008年11月，经国际天文学联合会小天体命名委员会批准，由中国科学院国家天文台兴隆站发现的国际永久编号为第47005号小行星被正式命名为程茂兰星。

纺织专家卢统之

卢统之（1902—1981），曾用名卢鸿业，博野县小店村人。1921年，卢统之以第一名的成绩考入日本东京高等工业学校纺织系。1928年至1945年，先后担任上海日华纱厂技师、无锡振新纱厂工务主任、山东济南仁丰纱厂厂长、天津诚孚分公司经理。卢统之利用精通日语之便，将所获悉的日本侵略中国纺织工业的信息和措施及时向我党地下工作人员汇报。解放区急需药品，日本人对此严格封锁，他不顾个人安危给予了全力帮助。抗日战争后期，解放区棉纱奇缺，他受晋察冀边区政府委托，设计简易纺纱机，以适应解放区生产需要。他将三步法纺纱机投入生产，同时整理出全套图纸，派技术人员将图纸送到边区张家口，并帮助制造、安装、调试，有力支援了解放区的生产建设。

20世纪50年代，他领导的研究室与农业部门合作，开展棉花新品种试验研究，培育出单产高、质量好、抗病虫害能力强、不易退化的优良品种，为20世纪七八十年代中国棉花持续高产奠定了基础。他领导研制的测定棉纤维细度和成熟度的气流仪实用可靠，重现性强，获得国家科技成果奖，并在全国推广。他领导科技人员与有关部门合作，开发出羊绒分梳机，所得羊绒质量接近国际先进水平，为优化利用我国羊绒资源，创造更高的附加价值作出了贡献。

隧道工程专家戴统三

戴统三（1909—1999），铁路隧道工程专家。直隶（今河北）博野人，1937年毕业于北洋大学土木系，曾任陇海铁路局宝天一总段工务员、隧道工务所主任，天兰总段三分段段长，测量队队长。中华人民共和国成立后，历任西北干线工程局工程师，铁道部第一工程局隧道队副队长、工程处处长、局副总工程师，京秦铁路修建指挥部技术顾问，先后主持修建三十余座隧道。在天兰路乌峭岭等隧道施工中，解决了涌水、流泥、裂拱、坍方等技术难题。在兰银线猩猩湾等隧道施工中，推行水风钻凿岩支撑定型化等施工办法，提高了劳动效率，降低了工程成本。撰有《隧道施工中地层压力的观测和处理》《国内外隧道施工现状》《隧道工程的发展与当前应用》等论文。

生物学家牛满江

牛满江（1912—2007），博野县程委镇东呈召村人，著名生物学家。牛满江早年就读于保定同仁中学，毕业后考入北京大学，攻读生物学。1936年毕业后留校任助教。1937年起，随着北平高校南迁牛满江先后在长沙、昆明等地任教。1944年初留学美国斯坦福大学，1947年获博士学位。先后在斯坦福大学、洛克菲勒大学和天普大学从事教学和科学研究，任研究员、副教授、教授。退休后，被天普大学授予终身教授荣誉，并任中国科学院动物所名誉教授、发育生物所科学顾问，中国多所大学及科研机构的名誉教授、顾问。

牛满江长期从事发育生物学研究。他通过对细胞质遗传研究认为，细胞质里面的信使核糖核酸（mRNA)也能起作用，改变了过

↑ 牛满江

去认为只有细胞核才有遗传作用的观点，因而在国际遗传学研究中开辟了一个新领域。他创立的“外基因学说”，开创了人工培育新物种的新思路，是生物遗传工程方面的重要突破，他因此获“利利学术”奖及“古根海姆”奖。他同中国生物学家童第周合作进行核酸改变遗传性的研究取得成果，发表用mRNA改变遗传性的报告。牛满江帮助中科院筹建“发育生物学研究所”（IDB），并为其争取洛氏基金及联合国的资助，受聘担任IDB科学顾问。他团结在美的华人学者，号召美籍华人为中国的经济建设出力。

胡琴大师刘明源

刘明源（1931—1996），祖籍博野，生于天津，幼年随父学习板胡和京胡，11岁加入天津百灵乐团、闽粤会馆等乐社，曾学习丝竹音乐、广东音乐、京剧、评剧、河北梆子等。1947年至1952年，刘明源在天津胜利、皇宫、永安、惠中等歌舞团及评剧团任乐队队员。1957年他以中国青年艺术家的身份参加了第六届世界青年联欢节民间乐器演奏比赛，荣获金奖。刘明源创作、改编并演奏的音乐作品众多，其中以民族器乐合奏《喜洋洋》《幸福年》，二胡独奏《河南小曲》，以及中胡独奏《草原上》和《牧民归来》最为脍炙人口。

20世纪50年代后，刘明源致力推动音乐人才的培养工作，并于1982年起担任中国音乐学院器乐系教授。刘明源和刘天华、华彦钧（阿炳）一起被尊称为“胡琴三大宗师”。

汉唐舞专家孙颖

孙颖（1929—2009），祖籍博野，生于黑龙江讷河。1950年毕业于中央戏剧学院舞蹈系，毕业后留校在古典舞教研组研究戏曲舞蹈，在舞蹈理论家叶宁领导下编选中国古典舞训练教材。他曾先后担任《舞蹈》杂志及《舞蹈论丛》古代史专栏编辑，期间了发表《试论中国古典舞》《再论中国古典舞》《三论中国古典舞》《天足于小脚时代的分歧》《驳传统舞蹈还需要“舞蹈化”的奇谈》《争论的是什么？分歧在哪里？》等多篇文章。1981年起，他先后在北京舞蹈学院任图书馆馆长、史论系主任等职。在此期间，创编了以建安时期为历史题材的古典舞剧《铜雀伎》，1985年由中国歌剧舞剧院首演并成为首届中国艺术节唯一入选舞剧剧目。之后，曾为电视剧《唐明皇》《三国演义》《司马迁》《炎黄始祖》等剧编舞。1994年，在美国完成了研究生课题《中国古代舞蹈教程》教学提纲及教材。1997年，创作“寻根述祖谱华风”之一《炎黄祭》，其中的女子群舞《踏歌》次年获首届中国舞蹈“荷花奖”作品金奖。1999年创作“寻根述祖谱华风”之二《龙族风韵》，由重庆市歌舞团首演。2000年，受重庆大学之聘，任舞蹈系主任。2001年，北京舞蹈学院为孙颖设立汉、唐古典舞教研室，开始招收汉唐古典舞本科生。2006年出版文集《中国古典舞评说集》。在他的指导下，北京舞蹈学院中国汉唐古典舞的学科建设和人才培养取得了丰硕的成果，2008年，中国汉唐舞人才培养模式被国家人事部、财政部、教育部、文化部评为人才培养模式创新实验区。2009年，汉唐古典舞教研室“以文化性教学为主导，完善汉唐古典舞教学体系”获得北京市教委教学成果二等奖，他本人获中国舞蹈家协会“卓越贡献奖”。代表作有《踏歌》《楚腰》《谢公屐》《纨扇仕女》《铜雀伎》等。

武术大师罗成立

罗成立（1879—1952），号熙绩，博野县大齐村人，北方绵拳的创始人。

罗成立幼年体弱多病，15岁下学后，随父（罗老繁，清末武举）学习武术，身体渐为强壮，遂与武术结下不解之缘。罗成立跟从山东来本县陶墟定居的和尚“秃头华”学习六合大枪。他学习武术极其勤奋，每天五更，从大齐到陶墟12华里一步一枪，刺到陶墟时，天刚发亮，如此常年不辍。他的六合大枪出神入化，挥舞自如，在当时的全国武术界有“大枪罗成立”之称。

罗成立博采众长，剑、单刀、护手钩等器械一一精通，各种长拳、鸳鸯腿、内家形意、八卦、太极样样演练研究。壮年后，开创北方绵拳，柔中带刚，以柔克刚，借力顺势，独具一格。

1904年至1930年，罗成立奔走于长春、延吉、旅顺、大连等地授徒，教授六合大枪和北方绵拳。1930年，应中央国术馆馆长张之江邀请南下，被聘为中央国术馆教授，开始了在中央国术馆的执教生涯。直到抗日战争爆发，中央国术馆的师生被迫离散，罗成立回到了家乡。中华人民共和国成立后，罗成立提出武术发展方向为“健身为主，舞武结合”，得到武术界的认同。

博野是具有深厚革命基础的红色老区，早在1925年就成立了第一个党支部——小庄头党支部。小庄头党支部不仅是博蠡地区的革命堡垒，也是博蠡起义、高博蠡起义的发源地之一。此后，无论是在反对国民党统治时期，还是艰苦的抗战时期，乃至解放战争时期，博野从未后退，一直以各种方式，传播革命的火种，为中华民族寻找光明的未来。

↓ 博野烈士纪念碑楼

第五章
红色革命

早期红色组织

小庄头党支部

1924年4月，小庄头村王志远在直隶第二师范学校加入中国共产主义青年团，同年8月转为正式党员。他因领导保定二师上海“五卅”惨案后援会，被学校开除。1924—1925年上半年，他受党组织委派回博野县秘密发展党员，成为博野党建第一人。他先后担任中共保定市委组织部长、博蠡县委书记、博蠡中心县委书记、唐山市委书记、天津市委书记、北平工委书记、冀中八地委组织部长等职。中华人民共和国成立后，历任中共唐山市委组织部长、国家计委机关党委书记、新疆维吾尔自治区科委副主任兼党组副书记、农业部机关党委副书记、农业部顾问。

↓ 小庄头党支部第一次支部会议复原图

↑ 小庄头党史馆

1924年暑假，王志远根据保属特委的指示，在博野县小庄头村办夜校，对农民进行革命启蒙教育，培养积极分子。同年12月，王志远发展农民王志恒入党。1925年春夏之交，他又发展了宋鹤梅、王家楷、王老墨、于化成、翟子瑜（翟树琦）入党，并建立了博野县第一个共产党支部——小庄头党支部，王志恒担任书记，直接归保属特委领导。

小庄头村党支部建立以后，成为博蠡地区的革命堡垒，是博蠡起义、高博蠡起义的发源地之一。党组织以小庄头党支部为依托，通过各种社会关系在临近村庄开办夜校，向贫苦农民讲解革命道

↓ 小庄头党史馆外壁画

理，发展积极分子，经过培养和考察后吸收入党。就这样，红色革命的火种透过农家早晚的炊烟、春夏秋冬的耕耘劳作悄然在博野播撒开来。

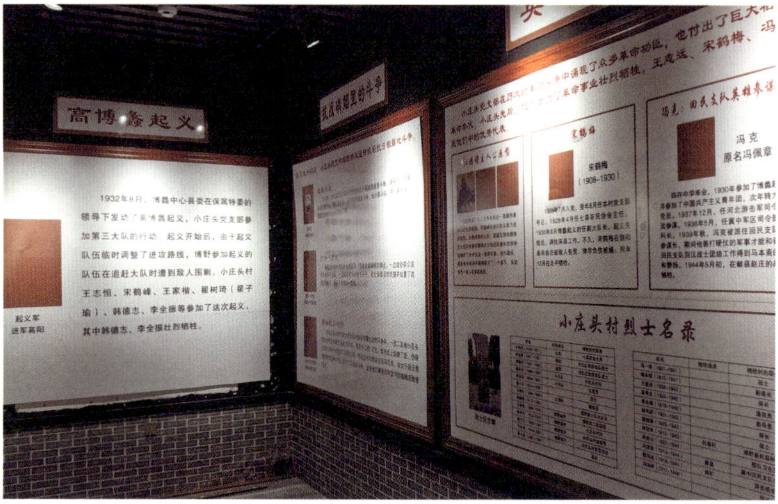

↑ 小庄头党史馆馆内展示墙

↑ 小庄头党史馆第一部分展示内容：星星之火，可以燎原

博蠡中心县委

1926年8月，为便于领导博野、蠡县两县党的工作，王志远和蠡县刘宪增等党员决定成立中共博蠡支部。9月，王志远奉调中共保定市委，不久保定市委机关遭到破坏，市委书记高风、市委委员武述文等暴露身份牺牲，王志远被捕判刑，转押博野监狱。1927年7月，王志远被营救出狱。同年9月，他受顺直省委委派回博蠡地区负责开辟党的工作。

1928年4月，根据顺直省委指示，建立了博蠡临时县委，王志远任书记，统一领导博野、蠡县两县党的工作。8月，博蠡临时县委改为博蠡中心县委，王志远任书记，领导博野、蠡县、安平、饶阳、深泽、肃宁、高阳、安国党组织的工作，发动农民开展反对国民党反动统治的斗争，博蠡地区成为保定南部、衡水北部红色革命活动的核心。

↑ 王志远晚年照

震惊华北的武装起义

博蠡中心县委成立后，向国民党政府发起了一系列斗争，其中包括博蠡起义、高博蠡起义两次武装斗争。

博蠡起义

1930年，在中共顺直省委和保属特委的指导下，博蠡中心县委决定发动武装起义，组建工农红军第二十二军，开辟红色根据地。

参加起义的人员被编为三个大队，分三处同时起义。博野党组织将参加起义的党团员分批集中在南白沙村养蜂场和小庄头村秘密集训，随蠡县大庄头一路的的队伍行动。

↑ 红旗谱

农历八月十二日清晨，博野起义队伍在大队长卢子江（省军委派来的军事干部）和副大队长宋鹤梅的领导下，带领起义队伍提前冲到大庄头一个地主家，打死地主的小儿子，没收地主的财产，然后向县城进攻。

大庄头村一路队伍过早行动，打乱了起义部署，敌人获悉了起义消息，随即集结军队，镇压起义。为避免遭到重大损失，指挥部当机立断，立即派人通知三路起义队伍停止行动，疏散隐蔽。

起义失败后，宋鹤梅调往深县工

作，在饶阳县宋各庄开展工作时被敌人包围，在战斗中负伤，弹尽被捕。同年12月牺牲于北平（今北京）。

梁斌在创作小说《红旗谱》期间，在小庄头村调查采访多日，了解了宋鹤梅父亲在儿子死后继续进行革命斗争的事迹，并以之为原型，创作了朱老忠这一人物形象。

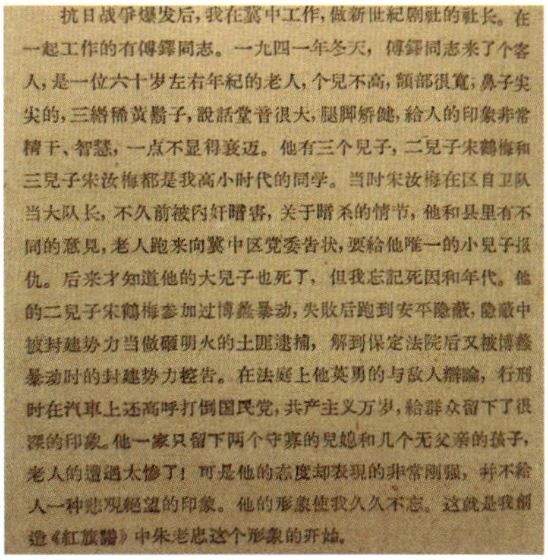

抗日战争爆发后，我在冀中工作，做新世紀剧社的社长。在一起工作的有傅鐸同志。一九四一年冬天，傅鐸同志来了个客人，是一位六十岁左右年紀的老人，个兒不高，額部很寬，鼻子尖尖的，三綹稀黃鬍子，說話聲音很大，腿脚矫健，給人的印象非常精干、智慧，一点不显得衰迈。他有三个兒子，二兒子宋鶴梅和三兒子宋汝梅都是我高小时代的同学。当时宋汝梅在区自卫队当大队长，不久前被内奸暗害，关于暗杀的情节，他和县里有不同的意見，老人跑来向冀中区党委告状，要給他唯一的小兒子报仇。后来才知道他的大兒子也死了，但我忘記死因和年代。他的二兒子宋鶴梅参加过博蠡暴动，失敗后跑到安平隐蔽，隐蔽中被封建势力当做砸明火的土匪逮捕，解到保定法院后又被博蠡暴动时的封建势力控告。在法庭上他英勇的与敌人辯論，行刑时在汽車上还高呼打倒国民党，共产主义万岁，給群众留下了很深的印象。他一家只留下两个守寡的兒媳和几个无父亲的孩子，老人的遭遇太慘了！可是他的态度却表現的非常剛强，并不給人一种悲观絕望的印象。他的形象使我久久不忘。这就是我創造《紅旗譜》中朱老忠这个形象的开始。

↑《红旗谱》主人公原型记载

高博蠡起义

1932年，博蠡地区再次爆发震惊华北的武装起义，史称“高博蠡起义”。这次起义在民间和许多文献中也被称作“高蠡暴动”。

1932年7月，中共河北省委决议，要求各级党委在农村中发动武装起义，开展游击战争，创建北方苏区。省委决定在高博蠡地

↓高博蠡起义场景复原图

区发动武装起义。8月23日，保属特委在保定召开党团特委常委联席会议。湘农传达了省委指示，讨论了高蠡起义的具体计划。省军委书记湘农和保属特委委员贾臣深入高博蠡地区，指挥起义，定于8月28日发动起义。由于起义领导者之一宋洛曙没有做好保密工作，起义不得不在27日提前发动。

按照原计划，队伍集结后，到群众基础较好的博野地区出击，会合博野的武装力量，再扩大战果。领导起义的宋洛曙、湘农等人担心不能击溃博野反动武装，临时决定改变路线，转向高阳县北辛庄一带前进。

此时，博野县准备参加起义的党团员和革命群众早已做好了充分准备。吴王庄党员吴成子率领一支小队，突袭小店警察局，缴获8支大枪和部分弹药，随后收缴了附近地主武装的枪支弹药。四存中学党支部杨文元、吴继章等人将中学的枪支弹药偷偷运出。博野县西南区的队伍早已集结待命，就等着游击队主力进攻博野，里应外合消灭博野的反动势力。当获悉游击队主力临时改变路线开往高阳县时，博野县西南区的起义队伍在博蠡中心县委委员宋怀欣的率领下，急速向北辛庄方向前进，竭力追赶游击队主力。行进途中，宋怀欣收到起义失败的消息，只好率部返回，分散隐蔽起来。即便如此，博野仍有一百多名党团员和革命群众到达高阳县北辛庄附近。此时游击队主力已经被敌人击溃。博野的这支队伍在南玉田村附近遭到敌人围攻而溃散。他们中大部分人突围后返回博野，但有20多人未能成功突围而被俘，其中18人被敌人屠杀在蠡县县城。

冀中抗日劲旅博野民军

1937年全面抗战爆发后，冀中地区活跃着一支主要由博野人组成的著名的抗日队伍——博野民军，这支队伍后整编为冀中一带赫赫有名的抗战劲旅——冀中军区警备旅。

创建民军

↑ 博野民军司令张仲瀚

1937年七七事变后，华北国民党军政人员蜂拥南逃，地方陷入无政府状态。同年8月，按照河北省政府委员、民训处处长张荫梧的安排，第十行政督察专员区公署专员兼博野县长高子厚率领博野县保安队、公安局及县政府机关人员南撤。行至安平县时，公安局长、共产党员张仲瀚和县保安队队长张子元商议，决定停止南撤，返回博野，组织抗日队伍。二人以警察局55名警察和县保安队的66名队员为骨干，在博野县程委村宣布成立河北民军，树起守土抗战的大旗，部队很快就发展到3000余人。张仲瀚任司令，张子元任副司令兼一团团长。为了与张荫梧的河北民军相区别，后来称其为“博野民军”。

接受党的领导

博野民军成立后，张仲瀚积极和博野地下党组织取得联系，接受党的领导。中共博蠡中心县委随即派共产党员李之琏、张逊之来到博野民军驻地，组建博野民军政治部。11月初，中共博野县委成立，派齐健秋率领二十多名共产党员来到博野民军，接管民军政治部，很快在民军下属团、营、连建立政治工作机构，指派共产党员担任政治指导员。随着工作深入，党的威望在部队中逐步树立起来。12月底，张仲瀚和齐健秋组建博野民军党务委员会，在部队中发展党的基层组织。

路西整训

1937年12月至1938年2月，在党组织的部署下，博野民军分两批去平汉铁路西边的晋察冀军区驻地受训，史称“路西整训”。晋察冀军区领导聂荣臻、孙毅、黄敬、邓拓及军区政治部对博野民军指战员开展了抗战形势和政治思想教育，组织大家学习统一战线、“八一宣言”等党的抗日主张，教唱抗战歌曲。这次整训的目的是统一指战员的思想，使博野民军尽快成长为党领导的人民军队。

战绩辉煌

在抗战初期，博野民军以其强悍的战斗力，多次击溃不可一世的日寇。

1938年2月5日，张仲瀚率博野民军二、三团参加第二批整训。整训刚刚开始，日寇集结兵力向晋察冀边区扫荡。

张仲瀚遵照聂荣臻的指示，率领二、三团在曲阳县王快山区截击敌人。2月9日上午，博野民军二团击退日寇水源旅团和伪治安军十五团。中午，日伪援军开到。博野民军三团伺机在敌后发起攻击。日寇遭到痛击后迅速调集重炮猛轰。此时二、三团已完成掩护军区机关转移的任务，为避免伤亡，迅速撤出战斗。

2月23日，张子元率一团，在望都县韩庄打响遭遇战，击溃望都日军大队五百多人及伪军一部。

4月2日，日寇水源旅团千余人企图进占安国、博野。博野民军二、三团在安国县五女店、韩村阻击日寇，激战三日。一小股日寇趁博野民军激战时，绕道占领安国县城。博野民军一团一营连夜登城，向敌猛攻。日寇措手不及，溃逃至韩村。一团随后追至韩村，与二、三团合力猛攻。日寇水源旅团不支，连夜逃回定县。

民八事件

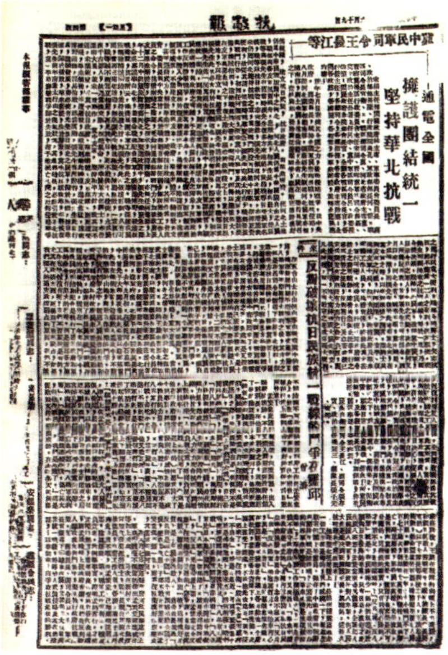
抗敵報
冀中民軍司令王長江等
通電全國
擁護團結統一
堅持華北抗戰

↑ 民八事件后王长江等通电全国电文

张仲瀚在博野树起抗日大旗时，国民党河北省委委员、民训处长张荫梧以四存中学学生和山西军官教导团学员为骨干，整编冀中十几个县的警察、保安队，在磁县宣布成立河北民军。

1938年9月，张荫梧为吞并博野民军，策动博野民军团长张文祥、李侠飞兵变。12月初，张荫梧派遣河北民军副总指挥王长江率部以“发展抗日力量，守土抗战”为名北上博野，企图武力收编博野民军。王长江是有正义感的爱国军人，他早就认清了张荫梧消极抗日、积极反共的真面目，1938年12月中旬，他带部队进入冀中后，秘密和八路军取得联系，部

↑ 警备旅旅长王长江、政委邝伏兆、副旅长韩伟（左起）

署战场起义。他将自己掌控的第一团布置在博野，第六团和第七团分别向定县、安国方向布防。12月16日，八路军冀中二分区的三个大队将河北民军进入博野的4000余人分割包围。王长江率部战场起义，加入了八路军。

博野民军后整编为八路军冀中军区警备旅，在旅长王长江、政委邝伏兆的率领下转战华北。

艰苦卓绝的敌后抗战

创建敌后根据地

1938年12月26日，日寇侵占博野。在敌强我弱的情况下，为避免损失，县委、县政府主动撤出县城，在潴龙河东宋村、程委一带开辟敌后抗日根据地，领导全县的抗战斗争。县委根据上级指示，在农村建立地下基层组织，实行两面政策，选派党员和可靠群众担任日伪的联络员，一边应付敌人，一边摸清敌人的动向，组织力量，袭击敌人。

到1940年，党的农村基层组织壮大起来，全县党员发展到2000多人，建成了一支四五百人的县大队，各区建立区小队，出没在全县乡村，不断袭击敌人。全县各阶层群众也被武装起来，扒电线，破路，站岗放哨，开展扰敌工作。博野流传的一首歌谣生动地反映了那个时候群众的生产和斗争生活：

战斗生产，战斗生产，一手拿锄头，一手拿枪杆。

敌人来了，我们就战斗。敌人走了，我们就生产。

↑ 1941年博野农村合作社流通券

反蚕食、反扫荡

1940年后，日伪军从县城周边的村庄开始，由近及远，反复突击、“清剿”，搜捕抗日干部和群众，“蚕食”农村抗日根据地。1942年5月1日，日寇对冀中发动了极其残暴的“大扫荡”，史称“五一大扫荡”。“大扫荡”结束后，日寇在全县增建据点，修碉堡，修岗楼，修公路，挖封锁沟、围村沟，将博野大地切割成细碎的小块。敌人在全县实行保甲制，十户编为一甲，百户编为一保。一户“通匪”，九户连坐。白天，敌人到处搜捕抗日干部。夜晚，特务敲各家各户的门，伪装成在野外隐蔽的抗日干部回村，老百姓一旦上当，就遭到敌人的逮捕和屠杀，恐怖的气氛在全县农村蔓延。县大队、区小队、各群众抗日组织几乎都被敌人摧毁，县委与区、区与村之间的联系被切断。县长刘天一，县委宣传部长曹振忠，三区区委书记刘海燕，干部肖砚田、楚培元以及部分县委委员先后牺牲，对敌武装斗争被迫停顿下来。

在艰难的处境中，熟悉博野情况的老党员王进学临危受命，调任博野县委书记。他到任后，立即组织县委、区委干部趁夜深人静悄悄入村进户，逐个找到可靠的党员，安排他们一个个去串联。经过不懈的努力，全县基层组织很快恢复起来，县、区、村交通站建立起来。县委以二区小队为基础重建县大队。队伍化整为零，以班组为单位，恢复武装斗争。

县委利用青纱帐掩护的有利时机，发动群众挖地道。人民群众充分发挥聪明才智，将地道口挖在猪圈里、柜底下、炕厢里、墙壁间、井壁上、坟地里。有青纱帐时，干部战士以青纱帐为掩护坚持斗争。秋天青纱帐倒下后，他们在堡垒户的掩护下，依靠地道和有利地形坚持斗争。

为了打击敌人的嚣张气焰，县委将汉奸、叛徒加入黑名单，张贴布告公布出去。对那些死心塌地当汉奸、特务的予以铲除。

县委通过党的基层组织，逐步教育、争取伪联络员、伪甲长、伪保长、伪联保长和伪联保主任，处决顽固分子。经过大量艰苦的工作，多数伪政权基层人员弃暗投明。他们有计划地使党员、干部打入敌伪组织中，把敌伪基层政权控制起来。

县委领导的地下斗争在群众中产生了很大影响，坚定了群众的抗日信心。

歼灭侵略者

随着对敌斗争形势一天天好转起来，县委将分散活动的县大队各班组集中起来，区小队、自卫队也恢复起来。县大队和区小队在夜幕的掩护下，不断拔掉岗楼、攻克据点，敌占区一天天缩小。反攻的时刻终于到来了。

1944年夏，县大队配合二十四团打响林堡伏击战，全歼号称“常胜部队”的日军宫本秀雄小队。在南庄伏击战中，县大队打死蠡县伪县长和鬼子顾问。1944年秋，在南小王伏击战中，县大队配合三十四区队全歼了宫板雅美小队30多个鬼子、64个伪军。当年秋末，在高庄歼灭战中，县大队诱敌进入包围圈，打死100多个伪军，全歼30多人的鬼子小队。1945年5月，县大队炸毁县城东关岗楼，俘虏敌人30多人。

1945年8月18日，县委组织全县党政军民进攻县城，发起对日寇最后一战。24日，博野县全域解放。

↑ 伏击日寇小队

↑ 二区小队六烈士

英勇的二区小队

全面抗战时期，博野县二区小队是一支在平原地区坚持敌后抗战的很典型的区小队。

1938年9月，博野县建立地方抗日武装基干队。1939年3月，县基干队扩编为县游击大队（简称县大队），全县各区建立区小队。二区小队就此建立，活跃在博野县北部乡村，打击侵略者。1942年“五一大扫荡”后，日寇在博野实行严酷的保甲制、连坐法，连续五次推行“强化治安”“清剿”，反复进行“抉剔”和“治安肃正”，众多抗日组织被摧毁，县大队遭遇重大损失，抗日活动被迫转入地下，各村都成立了双面政权。二区小队活跃在北部乡村，利用青纱帐的掩护打击敌人。

1942年8月上旬，隐蔽在吴王庄东南马家坟的二区小队，因为长期在野外坚持战斗，给养不继，又遇上连续多日阴雨连绵，指战员们浑身湿透，满身泥浆，多数人病倒，急需休整。8月8日晚,队伍转移到吴王庄村东北角的闲院里修整，被已经叛变投敌的村干部出卖，次日,被来自博野、蠡县、之光三县的日伪军包围。区小队奋力还击，多次打退了敌人的进攻，组织了三次冲锋,试图突围，均因敌人的火力太猛，被迫退回坚守。敌人在北面院墙掏出一个又一个枪眼，随着枪眼越来越多，敌人的火力越来越猛。副队长王道臧一面命令班长贾经武、战士王凤岐监视和阻击敌人，一面把小战士崔勇藏在谷糠堆里。王道臧和其他战士一起用刺刀在磨房的南墙掏洞，意图掏透两道墙，撤到南院北屋。此时负责掩护的王凤岐左小腹中弹，肠子都流了出来。贾经武急忙跑过去包扎，他把贾经武一把推开，一边说：“我不行了，你快走！我掩护！”一边开枪阻击冲进来的敌人。在激战中，贾经武右手掌连带枪托被子弹打碎，敌人一窝蜂冲进来。情急之下，王凤岐一把将贾经武从战友们挖的墙洞里推了进去，咬着牙向敌人甩出一颗又一颗手榴弹，终因伤重昏了过去。王道臧带领韩祖久、吴国欣、吴玉山和牛继耀从墙洞撤入南邻的北房后，立即突围，但遭遇敌人机枪火力封锁。贾经武钻过来，说王凤岐受伤了。大家正要营救，敌人已抢先一步把他抬走。凶残的敌人把他绑着抬到院内，点着一堆泼上煤油的干柴，把他反复推拉，在火上反复烧烤，肠子都烧焦了。敌人意图以此暴行瓦解二区小队的战斗意志。王凤岐一边鼓励战友们战斗，一边大骂敌人，力竭而死。战友们无不落泪，更加坚定了与敌人战斗到底的决心。二区小队在激烈的战斗中弹药消耗很大，火力越来越弱。下午四点半左右，敌人在前边的大门口佯攻，在后边墙上、屋顶上挖洞口，战士们一边阻击大门口的敌人，一遍开枪打击挖洞的敌人，最后只剩下两颗子弹。此时敌人从房顶挖开的洞里扔下几十颗手榴弹，战士吴玉山牺牲。敌人趁手榴弹爆炸后的混乱，从窟窿里塞进来泼上煤油点着的被子，屋里一下子浓烟滚滚，呛得人气都喘不过来。大家知道不行了，就摸索着把枪拆开，将一些零部件扔进灶膛、炕洞，先后晕了过去。

当日下午五点钟左右，敌人摸进屋里，把奄奄一息的战士们绑了起来。牛继耀作为日军的战利品被押到张登据点（后被押解东北当劳工，1943年逃回）。王道臧等被扔上马车，拉往博野。天黑后，小战士崔勇爬出谷仓逃脱。

敌人在审讯时软硬兼施，又是酷刑又是诱供，逼问基层抗日政权的名单和地方抗日武装的活动规律，意图将博野的抗日军民一网打尽。但被俘的区小队的战士个个都是铁骨铮铮的硬汉子，敌人始终未能从他们口中得到半点有价值的信息。无计可施的敌人恼羞成怒，在第二天把他们分头用马车拉到各自的家门口杀害了。

解放战争

土改运动

1947年7月15日，冀中区九地委将博野县北杨村、南邑、北邑、北小王、北堤圈、西许村、东章、南祝等12个村作为土地改革运动的试点。地委和各县选派干部组成了博野工作团，首先发动群众，建立农民小组，选举农民代表委员会，然后吐苦水，挖穷根，向地主清算，最后分配胜利果实。试点工作历时两个多月，为全面开展土改运动积累经验。

同年11月25日至12月8日，冀中区九地委在安国召开土地改革会议，部署全面开展土地改革的工作。会后博野县立即发动群众掀起了

↑ 博野县政府大门

土改运动的高潮，县区干部深入农村，扎根串联，访贫问苦，组织新农会和贫农团，查处破坏分子，斗争恶霸地主，平分地主富农的土地和浮财。运动中各村贫农团对本村阶级成分进行了全面评定，全县9074户贫雇农共分得土地90606.75亩，房屋7201间，以及粮食、衣服、农具、牲畜等。同时废除旧地契，颁发了新土地证。全县广大农民彻底翻了身。翻身得解放的全县人民无比珍惜来之不易的胜利成果，他们踊跃加入支前大军，为解放全中国倾尽全力。

南下支援新解放区

1948年后，人民解放军先后取得辽沈、淮海、平津、渡江战役的胜利，解放了全国大部分地区，急需大批干部建立地方政权，巩固新解放区。博野县是保定市派出南下干部最多的县之一。1947年8月26日，博野县32名干部南下河南西部新解放区。1948年，李风、朱芳年带队南下开封。

1949年2月，博野县第三批南下干部50多人南下安徽芜湖新解放区。他们接到的命令时，深感这次任务不同寻常。上级要求南下的干部夫妻同去，组织上妥善安排好需要赡养的父母和不能带走的子女的生活。博野的这些干部都是经历了抗日战争洗礼的老战士，平均年龄在27岁左右，有丰富的战斗经验和钢铁一般的意志，政治自觉性非常高。他们都预见到了这次任务的特殊性，每个人都很清楚，离开博野南下，很可能会一辈子客居他乡。但是没有一个人退缩，没有一个人中途掉队。他们从此扎根南方，成为建设和巩固人民政权的中坚力量。

红色英雄谱

革命先驱王志远

王志远（1904—1991），又名常明，博野县小庄头村人。1924年4月在直隶省第二师范学校加入中国共产主义青年团，同年8月转为正式党员。从1924年暑假开始，他受党组织委托，以办夜校的方式在本村传播马克思主义，培养积极分子，发展党员。1925年在小庄头村建立博野县第一个党支部，党组织以小庄头村为起点，在全县蔓延开来。1926年9月，王志远调任保定市委组织部长，因保定党组织遭到破坏，被捕入狱，1927年出狱，被顺直

↓ 王志远（右）

省委委派领导博野、蠡县党的工作。1928年4月任博蠡临时县委书记，1930年5月任博蠡中心县委书记，领导博野、蠡县、安平、饶阳、深泽、安国、肃宁、高阳等县党的工作，为早期党的建设和发展作出重要贡献。他先后发动博野、蠡县、高阳、安平等8县的农民开展反“八厘公债”、反杀猪税、砸盐店打盐巡等斗争，组织并领导了“博蠡起义”。1931年被调往唐山、天津恢复和发展党组织，在天津被捕入狱。全面抗战爆发后，他历任晋绥军教导团秘书、河北民军第一团政治处第一工作团团长、中共博野县委书记、冀中八分区抗联主任、晋察冀中央局城工部工委书记。中华人民共和国成立后，他历任中共唐山市委组织部长，国家计委机关党组书记等职。

↑ 王志远（右）

中国潜艇部队创始人傅继泽

傅继泽（1918—1991），博野县北杨村人，中国潜艇部队创始人。1938年3月进入晋察冀军政学校学习，同年4月加入中国共产党。历任冀中军区津南抗日自卫军独立第2旅参谋长、冀鲁边军区运河支队参谋长、冀鲁边军区第1军分区司令员、渤海军区第1军分区司令员兼山东军区警备第8旅

↑ 傅继泽

旅长等职。1946年参加与美蒋的谈判斗争，出色地完成任务。在解放战争中，先后担任华东野战军渤海纵队11师师长、第三野战军第33军99师师长，指挥了青沧、昌潍、济南等战役，并率部参加淮海战役和渡江战役。1949年9月从陆军调到海军，担任华东海军第一舰艇大队大队长兼政治委员、第六舰队参谋长，参加了人民海军的初创工作。1951年初奉命创建中国第一支潜艇部队，不久又兼任潜艇学校校长，为潜艇部队培养了大批优秀潜艇指战员，使之在较短时期内成为一支能担负近、中海防御作战任务的骨干力量。他组建了“舰艇训练中心”和“海上舰艇机动编队”，为提高舰艇部队训练水平，加强海上战斗力建设，做了大量开创性的工作，为海军潜艇部队的创建和发展作出了重要的贡献。1955年被授予海军少将军衔，荣获二级独立自由勋章、一级解放勋章。1960年起任海军副参谋长，北海舰队第一副司令员，南海舰队司令员，1981年以后任海军副司令员。1988年荣获中国人民解放军独立功勋荣誉章。

↑ 王长江

八路军旅长王长江

王长江（1899—1978），字宗汉，博野城内西街人，毕业于保定陆军学校第九期，青年时期先后加入直系、奉系、晋系军队，后加入国民革命军。曾任晋绥军官教导团教务主任、河北人民自卫军总指挥部副总指挥。1935年王长江率部参加长城抗战，并因冷口之战成为第65位青天白日勋章获得者。

↑王长江军衔照

王长江早年目睹军阀腐败而辞职，在阎锡山举办的军官教导团任教务主任期间，他把自己满腔的抗日热情倾注给受训的军官，启迪他们的民族觉悟。七七事变后，王长江加入张荫梧组织的河北民军，任副总指挥。其间，他看清了蒋介石、张荫梧等消极抗日、积极反共的本质，在博野“民八事件”中率部起义。后经张存实介绍，加入中国共产党。1939年博野民军整编为冀中军区警备旅，王长江任旅长，在他的带领下，警备旅成为华北一带善打硬仗、恶仗的抗日劲旅。

1942年“五一大扫荡”期间，王长江率5个连在馆陶县北阳堡突围战中击毙日军500多人，击毙日军大队长一人，击伤日军联队长一人，所部伤亡仅80多人，创造了平原阻击突围的成功案例，受到八路军总部领导的表扬。

1944年，美国记者哈里森·福尔曼来到华北敌后抗日根据地采访，时任八分区司令员的王长江受命护送。福尔曼与他朝夕相处期间，亲眼目睹这个八路军司令许多超出常理的军事行动，紧张刺激的行动使福尔曼震惊不已，他说：“这位老兄，干脆就是个疯子！”从此，“疯狂司令”之名不胫而走。

1946年夏，王长江任绥蒙军区副司令员，他利用在阎锡山军官教导团任职时与楚溪春认识的关系，利用各种渠道去大同做晋军雁北总指挥楚溪春的工作，使其率部起义。

1949年10月1日开国大典，王长江任阅兵副总指挥。逝世后被追认为烈士。

↓ 王长江革命烈士证

革命英烈宋鹤梅

宋鹤梅（1908—1930），博野县小庄头村人。1925年7月加入中国共产党，翌年8月任小庄头村党支部书记，1928年4月任县农民协会主任。在博蠡临时县委、博蠡县委领导下，他发动农民，先后开展了反豪绅村长、砸盐店打盐巡、反验契、反决租、反“八厘公债”、砸国民党县党部等斗争。

1930年8月，博蠡中心县委提出在博蠡地区发动武装起义，建立苏维埃政权，组织工农红军第十九路军，创建革命根据地，计划得到保属特委的支持。8月12日，担任副大队长的宋鹤梅带领小庄头、东墟等十多个村的百余名党员赶到大庄头，参加起义。宋鹤梅率队冲进大地主家，打死了地主的儿子。大庄头村一路队伍提前行动暴露了起义意图，敌人有了准备，起义失败。

为躲避追捕，组织上把宋鹤梅调往深县工作。他联合深、饶（阳）两县党组织，发动群众继续与反动政府作斗争。不久，宋鹤梅在饶阳县宋各庄开展工作时被敌人包围，他凭着两支手枪，抵抗数小时，弹尽负伤被捕。

同年12月，宋鹤梅被解往北平军法处，经过多次严刑审讯，他始终未吐露党的任何机密，当月被判处死刑。宋鹤梅赴刑场时神色自若，对沿街群众演讲，唱国际歌，并高呼“中国共产党万岁”“人民一定要解放”等口号，就义时年仅22岁。

回民支队英雄参谋冯克

冯克（1914—1944），原名冯佩章，博野县小庄头村人。幼年入私塾开蒙，11岁考入博野县高小，13岁考入北杨村四存中学。在四存中学学习期间，冯克不仅打下了深厚的传统文化基础，还练就了好枪法和过硬的军事本领。

1930年，不满16周岁的冯克瞒着父母参加了博蠡起义，同年加入中国共产主义青年团，次年自动转为中共党员。

九一八事变后，冯克和他的四伯父冯丹芳受博蠡中心县委的委派，去长春策反伪满新京警备司令、蠡县北忠卫村人杨凡。1932年，东北三省沦陷。冯克受党组织委派，奔走于豫、陕、川、鄂各省，为东北抗日民众募集物资和经费。

1935年，冯克回到家乡，加入守望队。次年冯克任队长，在冯克的带领下，这支队伍逐渐成长为党领导的抗日自卫队。1937年七七事变后，在延安抗日军政大学学习的红军团长、蠡县人孟庆山受党委派回到家乡组织抗日武装，在高阳、蠡县、任丘、安新一带开办武装训练班，讲授游击战术和党的抗日统一战线政策，冯克参加了训练班。同年12月，冀中各地党领导的抗日自卫队整编为河北游击军，冯克任司令部作战参谋。

1938年2月，人民自卫军独立一团整编为北上先锋队，开赴大清河一带，冯克随队开展工作，收编新镇、霸县、永清联庄会武装4000多人。

1938年5月，冀中军区成立，人民自卫军和河北游击军合编为八路军第三纵队，冯克任冀中军区司令部作战科长。

1939年秋，冯克担任回民支队参谋长。回民支队中汉族指战员占了总人数的2/3。为了加强支队内部民族团结，发扬回民支队的战斗精神，冯克做了大量细致入微的工作，他自己更是率先垂范，自律极严，严格遵守回民的习俗，为这支队伍的成长和发展作出了巨大贡献，得到了回民支队全体指战员的称赞和拥护。

1940年8月，冯克在“百团大战”的一次战斗中受伤。1942年，冯克因伤势严重，被部队护送到位于唐县葛公村的白求恩医院治疗。1943年夏，冯克重返战场，任冀中军区八分区四十一区队参谋长。1944年5月初，冯克部在献县赵庄被日伪包围，在掩护部队突围时，冯克身负重伤，依然坚持战斗。他分析部队被包围的情况，判断部队内部有日伪内奸，写了封信让警卫员尽快上报。之后他组织最后几个战士坚守阵地，阻击敌人。战至次日，弹尽牺牲。

抗日英雄杨小根

杨小根（1922—1944），本名杨哲，乳名小根，博野县南小王村人，民政部公布的首批著名抗日英烈之一。1940年3月，参加八路军，同年秋参加“百团大战”。在一个漆黑的夜晚，部队在元氏县一个村里宿营，杨小根站岗时发现不远的河滩里不断闪光，他仔细观察，只见一大群日军悄悄来偷袭。杨小根一边让战友赶紧去报信，一边以一块巨石为掩护，独自阻击日军20多分钟，为部队赢得了宝贵的时间。第二天夜里，他所在连队攻击山头上敌人的哨所时，被敌人火力压制在山脚下。杨小根奋不顾身，怀揣4颗手榴弹，在夜幕中迂回进攻，将哨所里的敌人炸得人仰马翻，部队乘机拿下哨所。1941年秋，在宁晋县野庄战斗中，他虽身受疟疾折磨，但不顾病痛，冲锋在前，缴获一支枪、一架望远镜和80发子弹。这次战斗后他被迫隐蔽在宁晋县养病，多次病危，但是他凭借坚强的意志战胜病魔，返回部队。1942年秋，杨小根调任冀中六分区四十四区队一大队二小队六班班长，在敌后开展游击战。1943年5月18日，二小队在赵县西绞洋村被敌人包围，杨小根把全班的手榴弹集中在自己的篮子里，头一个跳出土墙，冒着敌人的枪林弹雨，一边冲一边投弹，杀出一条血路。部队在西后村遭到日伪军两路袭击，杨小根再次担任突击组长，猛冲猛打，掩护二小队全部冲出了包围。1944年8月9日，杨小根在赵县大西章村战斗中壮烈牺牲。1944年8月，杨小根被授予“战斗英雄”的称号。

中国民间文化遗产抢救工程
THE PROJECT TO CHINESE FOLK CULTURAL HERITAGES

博野是民间文化的沃土，不仅有着形形色色的节日习俗，还有着生动活泼的乡土文化和技艺、构思奇妙的传说趣闻。这些不仅是人们茶余饭后的消遣，更是宝贵的非物质文化遗产，是值得珍视的文化宝库。

↓ 萧派面塑：关羽

第六章
民间文化

↓ 绣花虎头鞋

节日习俗

春节习俗

博野的年味是从腊月二十三开始的。从这一天，一直到年三十，家家户户都在忙着准备过年的食物。“二十三，糖瓜粘；二十四，扫房子；二十五，推碾子；二十六，称肉；二十七，杀鸡；二十八，把面发；二十九，不停手；三十晚上坐一宿，大年初一满街走。”这首祖辈流传的民歌，大多数人是在这些日子学会的。从腊月二十三开始，人们祭灶、扫尘、蒸馒头、蒸年糕、煮肉、蒸团粉糕、买鞭炮、贴窗花、贴对联、贴福字、准备新衣新鞋等，直到三十下午过春节的准备活动才结束。

↑ 新年剪纸：马到成功

扫尘迎春 腊月二十四这天是“扫尘日”。扫尘迎春，意味着年更近了一步，除旧迎新的春节氛围开始浓郁起来。这天早饭后，全家老小齐上阵，将被褥、几凳、炊具移到院里，刷洗晾晒，把房屋做一次彻底的大扫除，打扫屋顶、墙面、地面、院落，擦洗器具，拆洗窗帘被褥，里里外外焕然一新，呈现一派忙碌却喜庆的气氛。如今，人们的居住环境日益改善，“扫尘”不再固定在腊月二十四，旧时“扫尘迎春”的热闹年味已不复存在，但是春节前做一次大扫除的习俗依旧。春节前，各地还出现了众多从事保洁业务的家政公司，有偿承揽春节前的大扫除任务。

祭家神 年三十这天傍晚，男人们要到祖茔祭家神。祭家神的形式因地域不同略有差异。有的村庄不上坟，有的村庄带着祭品去祖茔祭拜。博野县部分乡村还保留着请家神习俗。除夕傍晚，男人们拿着点着的香，绕着历代先祖的坟茔转一转，嘴里不停地说：“爷爷奶奶回家吃饺子去啊。”回到家里，将香插到香炉里，香炉后面壁上贴好预先写好的三代帖，上书“供奉某门三代宗亲之位”，点燃红烛，烧纸，恭恭敬敬地磕个头，端上刚出锅的饺子上供。从年三十晚上开始，每顿饭前要给爷爷奶奶们上一炷香，不管做什么饭，先盛一碗去给爷爷奶奶们吃，名曰上供。这个仪式会持续到初五傍晚，上完供，小心揭下三代帖，点火烧了，取下燃着的香，到村外道口，插香燃烛，烧纸，告求爷爷奶奶们保佑家庭平安、事业有成，这样就把爷爷、奶奶们送走了。这样的仪式庄严肃穆，体现了人们对祖先的孝思和崇敬。有些村庄送家神的日子并不是初五，而是在初三、初六、初九的任意一天，名曰“三六九，往外走”。

拜年 正月初一这天全家人都要五更起床，然后新服盛装祭天地、拜祖先、放鞭炮、吃饺子。吃饭前要请长辈上坐，晚辈依序给长辈拜年，长辈给未成年的晚辈压岁钱。早饭后人们开始给本家和亲友拜年，街道相遇拱手作揖互相祝福新年好。而家中若年内有人去世，则连续三年的大年初一不早起，需太阳出来后才开门，三年内不外出拜年，以表哀思。

元宵节

正月十五为元宵节，又称上元节或灯节。从前元宵节晚上大街小巷到处挂灯笼，放烟火，燃谷草“烤百火”驱瘟。博野民间还有“走百病”的风俗。“走百病”又称“烤百病”，参与者多为妇女和小孩儿。他们手中拿着一支点燃的香，穿街过巷结伴而行，驱病除灾。有时人们晚上还提着各式各样的灯笼游行，并有二鬼摔跤、旱船、太平车等节目助兴。

随着时代的变迁，元宵节的风俗也有了较大的变化，正月十五除了吃饺子，还逐渐传入吃元宵的习俗，放焰火、烤百火、走百病的风俗在部分乡村尚存，而悬挂灯笼的习俗消失了。

此外，博野有新婚夫妇回娘家“住十五”的习俗，东南一带乡村又名“躲灯”。临近元宵节，娘家会派人去请新婚夫妇回娘家去“住十五”，一般正月十四新婚夫妇才一起回娘家，在元宵节晚上放焰火，过了正月十五返家。

二月二

二月二，龙抬头，传统习俗除了吃饺子，还要吃咸食。人们在这一天祈祷蛰伏一冬天的龙及时醒来，和风化雨，滋润万物。蝎子、蜈蚣等爬虫也开始蠢蠢欲动，要对付这些爬虫，太阳的威力无疑是最大的。所以这一天日出之前，有摊咸食祭太阳的习俗。

人们这一天要早起。起床前先在被窝里口诵“二月二龙抬头，不等龙抬我先抬，一年之内免生灾”。小孩醒不了，大人则搁搁他们的脑袋。起床后要用高粱秆敲打墙山（头）和门头，口中念着“二月二敲墙山，蝎子、蚰蜒不见面”“二月二敲门头，金银财宝往家流”等吉利话。这一天还有一些约定俗成的规矩，比如，太阳未出时人们不许挑水不许动土，妇女们一整天不动针线，三年内的新媳妇则要回娘家过二月二。

嘣囤节

博野东南的潴龙河一带，农历正月二十五是“嘣囤节”。这天太阳出来之前，家家户户在院落里画圆圈，代表储粮的囤，中间放些粮食，在粮食中间燃放二踢脚，砰一声响后，粮食嘣满囤，寓意新的一年粮食满囤。有的人家画一个囤，有的人家画几个囤，高粱、小麦、黍子分别放在不同的囤里，放炮嘣囤。

清明节

博野民间习俗，清明节当天被视为老清明，老清明当天不上坟祭祖，上坟祭祖分散在清明节前十来天的日子里。上坟祭祖时，焚烧纸钱，坟添新土，坟顶压烧纸条，俗称“挂纸”。

现在，清明节当天政府机关、企事业单位、学校组织人员祭扫烈士墓，献花圈，开展革命传统教育。

端午节

历代相传，农历五月初五端午节是爱国诗人屈原的纪念日。博野旧俗，端午节这天包粽子、吃粽子，门前、头上插艾草，小孩手上系彩线，驱瘟避邪。后来，曾遍布农村居民房前屋后的艾草逐渐消失，插艾的习俗消失了，吃粽子的风俗反而越来越普及。

中元节

农历七月十五为中元节，旧俗云“七月十五鬼门开”，故也称鬼节。中元节追怀先人是一种古老的文化传统，体现了人们对祖先的尊崇。博野习俗，人们通常在中元节前几天到坟上焚烧纸钱，祭奠已故亲人，节日当天并不上坟。

中秋节

农历八月十五为中秋节，以月之圆满象征家人之团圆，又称团圆节，同时庆祝丰收，祈盼幸福。博野习俗，节前购买月饼、水果等礼品馈赠长辈、亲友，潴龙河以东还有中秋节看闺女的习惯。

博野旧俗，中秋夜祭月。农家在院落中间安放一张矮桌，桌上放一碗清水、一碟香梨、一碟葡萄、一碟月饼等，月出东方，焚香祭月，之后宴饮赏月。

重阳节

农历九月初九重阳节，又名菊花节、登高节，博野旧俗重阳登高避疫，祈盼吉祥。博野无山，20世纪60年代前后大规模的农田基本建设之后，博野全域平坦如场圃，登高之俗已消失。九月九糊窗户的旧俗也已消失。

中华人民共和国成立后，重阳节逐渐演变为敬老节。这一天，儿女以各种形式问候父母，社会上开展尊老爱老活动。县老干部局在这天召开老干部座谈会，县委、县政府的主要领导参加座谈，共度佳节，听取老干部的意见、建议。

潴龙河东有重阳节蒸枣糕的食俗，枣糕寓意“早登高”。刺猬、蛇在民间是财富的象征，因此也是枣糕常见的造型，寓意“九月九财神往家走”。

腊八节

农历腊月初八为腊八节。这天早晨家家户户从小米、大米、黍米、高粱米、红小豆、绿豆、花生、豇豆、黄豆、大枣中选出八样熬腊八粥，旧俗还要将粥甩在门框、碾、磨、井台、大车上，祭祀诸神，祈盼吉祥。旧俗云“谁家烟筒先冒烟，谁家高粱先红尖”，所以腊八粥熬得越早越好。如今吃腊八粥的风俗犹在，甩粥祭神之俗已消失。

糖瓜祭灶

博野俗语“二十三，糖瓜粘”，在农历腊月二十三这天有“糖瓜祭灶”的习俗。糖瓜是用麦芽糖熬制的一种形似瓜的民间食品，遇热变得极黏。民间传说，每年腊月二十三是灶王爷上天向玉皇大帝汇报人间善恶的日子。人们希望灶王爷“上天言好事，回宫降吉祥”，为了让灶王爷上天时只言好事，人们相信，在祭灶时把糖瓜融化，抹在灶王爷的嘴上，他在向玉皇大帝汇报时嘴是甜的，就不乱讲话了。

↓ 糖瓜

乡土文化和技艺

博野花鼓落子

博野花鼓落子是河北省非物质文化遗产，起源于晚清程委镇北辛庄。它原是民间花会的一种表演节目，北辛庄民间艺人王老仙在本地花会演唱的基础上，填上歌词创造了一种新的表演形式，表演时腰挎花鼓，右手拿双锤，左手拿镗锣，边敲边舞边唱。因其形式新颖，曲调高亢，诙谐有趣，深受群众欢迎，被称为博野花鼓落子。

1954年，河北广播电台录制并播放了王老仙的演唱录音，河北日报刊登文章《王老仙的锣鼓响了》。1958年博野县文化馆对这种艺术形式发掘、整理、完善，命名为“博野落子”，演员人数先后增加为4人、8人、16人，逐渐定型。1978年，博野花鼓落子参加河北省文艺汇演，获一等奖。2009年6月，博野花鼓落子被批准为省级非物质文化遗产，县老干部局春蕾艺术团张秀山被确定为河北省非物质文化遗产代表性传承人。

博野花鼓落子经过几代人的传承，在演员人数、服装、伴奏乐器、曲目等方面逐步完善，并系统整理出曲谱、锣鼓谱、舞步等相关文字资料。早期的花鼓落子只用二胡伴奏，单人演唱，曲调和舞蹈动作单一，后来逐步吸收了河北《民间小调》《十步闲》《小放牛》《放风筝》等曲调，慢慢发展为6个曲调、30多个曲目，其中比较有影响的曲目有《小看戏》《绣八仙》《画扇面》《李芳巧得妻》。今之花鼓落子表演时以板胡为主调，用扬琴、电子琴、笙来烘托气势，用三弦体现沉稳的风格，笛子吹奏欢快的节奏，16名演员腰挎花鼓，右手持双槌，左手持镗锣，边敲边舞边唱。舞步由原来的4种，发展为15种，包括跑跳步、踢踏步、跑场步、跑探步、前弓对打步、横跨步、十字步、三步一跳、横跨点步、拧胯推磨、甩穗后点步、快进快打、蹲步转打、勾腿斜跳、弧步后退。

博野花鼓落子鼓点铿锵有力，节奏感强，动作刚健、豪放，服装色彩艳丽，地域性鲜明，是一朵不可多得的民

↑ 花鼓落子演员

↓ 博野花鼓落子

间艺术之花。

西河大鼓

光绪三年（1877），龙堂村的刘豪和东墟营的姚老谨二人去清苑学艺后回县演唱，西河大鼓传入博野。

表演西河大鼓时，一人自击鼓、板表演，一人操三弦伴奏，唱腔简洁苍劲，说唱兼顾。早期的主要演员有姚老谨、杨峰、马炳春、白建章、李卓珍等人，主要曲目有《杨家将》《胡家将》《薛刚反唐》《隋唐演义》等。

1980年3月，姚老谨的孙子姚庆合参加保定地区文艺汇演，获保定市群众艺术馆奖励，并被中国曲艺家协会河北省分会吸收为会员。

拉拉调

拉拉调又称哈哈腔，是博野民间优秀剧种。拉拉调创始于明末清初，当时博野东王各庄爱好演唱的纪小枪、夏光勺和在夏家做雇工的一个山东人一起，将流行于山东、河北一带的“四平调”和“梆子调”反复改编磋商，揉和提炼成为一种半唱半念的曲调，取名为“拉拉调”。拉拉调因为道白清楚，唱词简单易懂，深受群众的欢迎，很快便流传到了全县。拉拉调的传统曲目有《小王打鸟》《李香莲卖画》《王定宝借当》等。在抗日战争期间还曾上演新剧《血泪仇》等。

萧派面塑

面塑俗称捏面人，是一种历史悠久的中国民间艺术。萧派面塑源自南方的“江米人”，为东杨村萧氏家传手工艺。萧氏祖籍安徽，明洪武年间，随军队屯卫大宁小兴州，靖难之役后迁至博野东杨村，并就地取材，以北方的面粉为原料，改良“江米人”工艺，并将之作为养家糊口的家传手艺。

↑ 萧派面塑：水浒传

清末太平天国北伐失败后，一位受伤的北伐军战士被萧家收留，为了报恩，他将擅长的面塑手艺传授给了萧家。萧家有个秀才十分喜爱面塑艺术，他融合南北方面塑技艺，形成自己独特的风格，成为萧派面塑的滥觞，主要活动区域为京津冀一带。第四

↓ 萧派面塑：福禄寿

代传承人萧占行将西方雕塑艺术融入面塑，将面塑艺术发扬光大，正式开创萧派面塑，开办萧派面塑艺术学校，开班授徒。在传承人萧占行的努力下，萧派面塑遍及全国，在国内外有良好的声誉。

和传统面塑相比，萧派面塑长久保存不开裂，不变形，突破了传统面塑造型偏小的局限性，可以制作数米高的巨大面塑造型，也可以制作小如蚕豆的小型作品，而且涉及的题材多样，色彩艳丽，造型夸张而传神，人物造型栩栩如生。萧占行擅长京剧人物造型的刻画，将《三国演义》《水浒传》《红楼梦》《西游记》四大名著系列人物刻画得形神兼备，达到了很高的艺术水平，其作品多次参加中国国际文化产业博览交易会，多次获奖。2018年10月30日，中央电视台《探索·发现》栏目《手艺·第八季·八面威风》专题

↓ 萧派面塑：三国演义

片对萧派面塑艺术进行了详细的介绍。

剪纸窗花

窗花是博野民间剪纸中分布最广、数量最大、最为普及的品种，多用大红纸剪裁而成，剪成的图案用以装饰窗户，故称窗花。贴窗花是博野农村春节期间的习俗，以表达辞旧迎新、接福纳祥的愿望。此外，人们也常在结婚时贴窗花，以示喜庆。

↑ 剪纸作品——寅虎

窗花的作者大多是乡村妇女和民间艺人。他们多以现实生活中的事物作题材，风格大多单纯、简洁、明快，配上大红的颜色，将节日装点得红火富丽。剪窗花曾经是农村女孩从小就要学习的手工艺。她们从前辈或姐妹那里要来学习剪纸的花样，通过临剪、重剪、画剪，描绘自己熟悉而热爱的自然景物。

↑ 剪纸作品——卯兔

20世纪80年代以后，农村建筑风格悄然改变，原来的花棂木格窗被金属合金玻璃窗取代，过节贴窗花的人家逐渐减少，博野民间剪窗花的人越来越少，过年过节贴窗花的风俗也渐行渐远。

绣花鞋

博野绣花鞋的刺绣注重鞋面的章法和鞋帮的铺陈，并配以鞋口、鞋底的工艺饰条，用彩色丝线从鞋头到鞋跟，甚至鞋底和鞋垫上都绣上繁缛华丽的纹样。绣花鞋绣纹主题来源于生活，图案有花鸟草虫、飞禽走兽、山川风月、戏剧人物等，构图常有吉祥寓意，如莲生贵子、榴开百子、双蝶恋花、龙飞凤舞等，充分表现民间的智慧和艺术魅力。旧时，博野民间婚嫁喜日、孩子的满月周岁、家人的华诞大寿、老人的丧事等人生大事都有绣花鞋的身影。绣花鞋的制作水平与刺绣水平成为当地评价一个姑娘是否心灵手巧的重要标准。

绣花童鞋有专用名称：虎头鞋。这种童鞋设计为虎头模样，做工复杂，仅虎头上就需用刺绣、拨花、打籽等多种针法，鞋面的颜色以红、黄为主，虎嘴、眉毛、鼻、眼等处常采用粗线条勾勒，夸张地表现虎的威猛。虎头鞋既有实用价值，又是一种吉祥物，博野民间相信它能驱鬼辟邪，保佑幼儿健康成长。

↓ 制作绣花鞋

传说趣闻

李茂贞代父从军

说起博野的白塔宋村，方圆百里无人不知，无人不晓。在唐至五代年间，这里出了一位名动朝野、功勋盖世的名人李茂贞。他原名宋文通，唐僖宗时，因护驾有功，被赐名李茂贞，官至凤翔节度使，封为陇西郡王，平灭后梁后，又加封为秦王。在他的家乡，有很多关于他的传说。

大唐后期，社会景况百孔千疮，贪官污吏当道，皇权名存实亡，大唐王朝摇摇欲坠。为保京畿安全，唐朝皇帝在博野征丁编队，保卫京畿。宋文通的父亲宋瑞虽然体弱多病，但也被强行征召。

文通自幼在异乡习武，返家探亲时，得知父亲和从弟被抓走，他对天发誓说："文通将代父从军，只为安邦定国，拯救民众。宁为报国死，不为苟生存。今生今世，不闯个出人头地，愧对生我养我的这片故土、生我养我的父老乡亲。"他拜别母亲，沿着驿道日夜兼程，三日之后，他远远望见十几名监军，正挥鞭舞棒驱赶着长长的队伍前行。

宋文通加快脚步追了上去，果然见到自己的父亲宋瑞正在被监军鞭笞。原来，宋瑞本就体弱多病，再加上连日长途跋涉，走起路来摇摇晃晃，实在支撑不住了，一头栽倒。监军头目一看，跑过来就是一顿棒喝："快起来赶路，误了日子，几个你都担不起！"宋瑞爬了几次，都没爬起来，索性躺下来不动了。监军头目扬起鞭子道："你是不想活了！"说时迟，那时快，宋文通一个箭步冲上去夺过鞭子，折成两段。监军挥刀劈来，宋文通只一脚，刀已飞出丈外。众监军蜂拥而上，将宋文通围了个水泄不通，十几把钢刀恨不能一下把他剁成肉酱。哪知文通一个旱地拔葱，跳出圈外，摆手道："诸位，大家都是穷苦出身，背井离乡，应征报国，勿欺人太甚。"众监军哪里肯听，又围拢上来。宋文通说："想要动武，有言在先，打得过我，把命拿去，打不过我，我代父从军，你们以后听我指挥。"众监军一听火冒三丈，挥舞着刀枪冲上来。宋文通这几年出游各地，遍访名师，已将武术练至炉火纯青，他虽赤手空拳，但是众监军使出浑身解数，也不能伤他半根毫毛，反而被他一个个击倒在地，再也爬不起来，纷纷告饶。宋文通把他们一一扶起，说："有道是，天下穷人皆兄弟，同路之人不可欺，有心之士同报国，匡扶正义保社稷。大家都是为国效力，以后你们听我的，平等相待，互相帮助，一定能够干出一番大事业来。"他叫众监军给众兵丁解开绳索，对大家说："如今国难当头，吾等皆大唐庶民，理应为国尽忠，为民除害。老弱病幼者，发给盘缠，同回博野故里，其余诸位志士仁人，和我一起共赴长安，干他一番大事业，好不好？"众人纷纷赞同。

在宋文通的精心组织和训练下，这支队伍成为一支战斗力强悍的军队，号称"博野军"。他们浩浩荡荡，直奔长安而去。

尹会一的故事

尹会一是博野县东章村人，官至大清乾隆朝吏部侍郎。尹会一为政清廉，多有建树。在博野，至今还流传着许多尹侍郎的故事。

传说尹会一小时候家庭十分贫苦，又早早死了父亲，靠母亲拉扯着。由于生活实在无着，母亲便带着年幼的尹会一来窝头村刘姓财主家当佣工。

刘财主家开着私塾，请来一个姓王的秀才，教本家十来个孩子。听着孩子们琅琅的读书声，尹会一羡慕得不得了，便也想跟孩子们一起念书，三天两头求母亲。母亲把尹会一揽在怀里，流着眼泪说："咱家太穷了，娘给人家做活，你也跟着吃饭，人家当家的已经对咱们娘俩不错了，哪还敢再去想让你念书的事呢？再说娘也实在拿不起学费呀。"

尹会一自小懂事，听了娘的话，再也不提念书的事了。不过，一到孩子们上课，他就装着玩耍，偷偷在学堂外边听着，把先生讲的内容默默记在心里。

一天上课，先生叫一个学生站起来背书，这个学生"唔、唔、

↓ 尹会一之母尹太夫人墓志铭

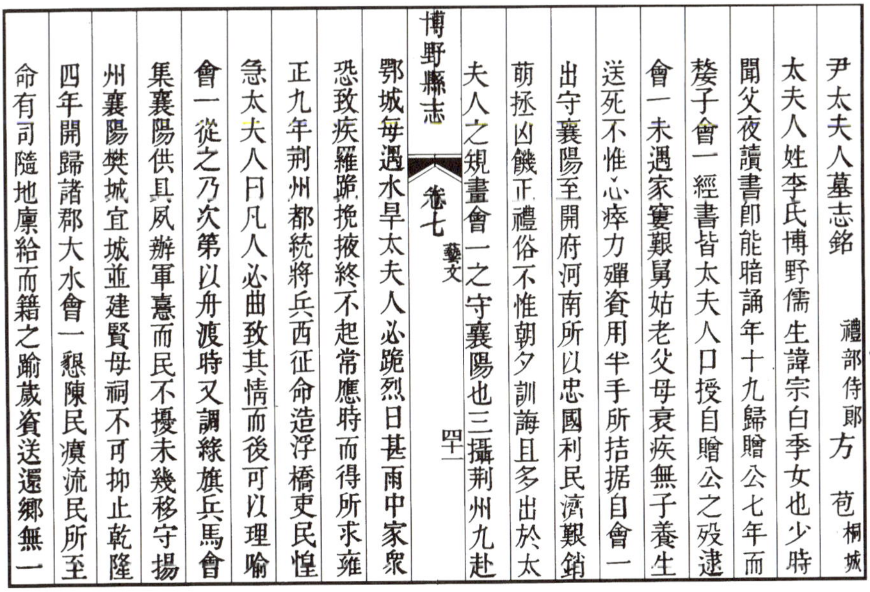
尹太夫人墓志銘　禮部侍郎方　苞　桐城
太夫人姓李氏博野儒生諱宗白季女也少時
聞父夜讀書即能暗誦年十九歸贈公七年而
嫠子會一經書皆太夫人口授自贈公之歿逮
會一未遇家窶艱舅姑老父母衰疾無子養生
送死不惟心瘁力殫貲用半手所拮据自會一
出守襄陽至開府河南所以忠國利民濟艱銷
萌拯凶饑正禮俗不惟朝夕訓誨且多出於太
夫人之規畫會一之守襄陽也三攝荆州九赴
博野縣志　卷七　藝文　四十一
鄂城每遇水旱太夫人必跪烈日甚雨中家衆
恐致疾羅跪挽掖終不起常應時而得所求雍
正九年荆州都統將兵西征命造浮橋吏民惶
急太夫人曰凡人必曲致其情而後可以理喻
會一從之乃次第以舟渡時又調綠旗兵馬會
集襄陽供具夙辦軍需而民不擾未幾移守揚
州襄陽樊城宜城並建賢母祠不可抑止乾隆
四年開歸諸郡大水會一懇陳民瀕流民所至
命有司隨地廩給而籍之踰歲資送還鄉無一

唔”怎么也背不上来，窗下的尹会一“扑哧”笑出声来，心想这么简单的文章都背不出，真是好笑。先生听见笑声，走出学堂，见是尹会一，就问：“你笑什么？”尹会一转身要跑，先生忙拉住他：“别跑，不打你，老老实实回答老师的话。”

尹会一低着头说：“我觉着这文章太简单了，他都背不出，忍不住笑了，请先生原谅，我再也不敢了。”

“你能背得出？”先生又问。尹会一便把这篇文章从头到尾背了一遍，先生说：“看你天天在学堂前玩耍，原来你在听课呀，真是难得，怎么不和你母亲说说，也来念书呢？”尹会一说：“我家太穷，没钱交学费，念不起书。”

上完课，王秀才找到刘财主，说了尹会一偷听讲课的事，又对刘财主说：“这个孩子这么聪明，将来肯定有大出息，让他和别的孩子一块儿念书吧。我白教他，不跟你多要学费，将来成了事，他能忘了咱们吗？”

刘财主一听，觉得先生的话有道理，便把尹会一叫来考问一番，尹会一对答如流，对先生教过的课文，篇篇精通。刘财主很高兴，不但答应尹会一进学堂念书，还给先生加了工钱，并把尹会一的母亲叫来，当面认尹会一为义子，还对尹会一大大勉励了一番。

正式念书了，尹会一更加刻苦学习，学业突飞猛进，过了两三年，王秀才找到刘财主说：“我才疏学浅，已经教不了尹会一这孩子了，送他进县学吧。”于是由刘财主出资送尹会一进了县学。雍正二年（1724），尹会一考中了进士。

尹会一做官后，对义父和启蒙先生王秀才的教养之恩念念不忘，曾多次把他们接到京城小住，亲奉茶饭，恭敬有加。

这一年，刘财主一病不起，不几天就去世了，家里派人把噩耗报给了尹会一。尹会一听了十分悲痛，立刻向朝廷请了假，回乡奔丧。为节省地方开支，沿途州县一律不通知。轻车简从，星夜赶到了义父家。他到家后安排葬礼，需要一位有身份、有地位的人来“点主”。管事的便派人去请博野县县官，县官一脸不高兴地说：“小窝头的一个土财主，值得我去‘点主’？”一口回绝了。

去的人回来告诉了尹会一，尹会一说：“知县如此傲气，可想平日对百姓的态度，他不来拉倒！”于是立刻写了帖子，派人送往保定府，请保定府的知府来点主。知府见了帖子满口应承了。

保定府的知府来点主了，消息传到县里。县官慌了，立马赶来窝头村。到村边后忙下了马，一步一磕头，一直磕到了刘财主家，并要求帮办点事。尹会一把县官挖苦了一通，并说丧礼已安排妥当，无差事可干，回县里去吧。县官哪敢起来，不住地磕头，死乞白赖要差事。这时，管事的才说：“门房有个烧水的炉子没人看管，你去看火炉吧！”县官千恩万谢地去了。从此留下了“尹会一埋义父，博野的县官看炉子”的笑话。

尹会一学识渊博，才思敏捷，皇帝每每委以重任。

这年，受皇帝委派，尹会一与和珅一同去江南主持科考。

科考完毕，二人一同回京复命。走到博野县境，和珅对尹会一说：“尹大人家乡不是博野吗？正好路过，不顺便回家看看？”

尹会一忙说：“不行不行，没万岁的旨意，私自探家那还了得！”

“这不就咱俩吗？我不说，谁知道？我在保定府等你，你探完家我们到保定会齐，再一同回京，有何不可？”

尹会一是正人君子，想想和坤说的也有道理，就同和珅分了手，回了东章老家。

尹会一在家中仅耽搁了两个时辰，忙骑马往保定去会和坤。到保定一打听，和珅竟在保定连站都没站，更甭说等了。尹会一心想，糟了，打马急追，追到北河店，没追上；追到琉璃河，还是没和珅的踪影。原来和珅马不停蹄，连夜进京了。尹会一刚步上朝堂，乾隆皇帝大喝一声："尹会一，私自探家，该当何罪！"

尹会一这时再有一万张嘴，也分辩不清了。

原来和珅回北京就去向乾隆皇帝复命，乾隆就问尹会一怎么没一同回来，和珅回说："尹会一收了举子的贿赂，回家放银子去了。"一句话酿成了弥天大祸。尹会一被拿到刑部问罪。

还金井的传说

在博野县程委镇南林村，现在还保存着一口水井，名叫还金井。关于这口井，流传着一个动人的故事。相传在明代，这个村里有个叫徐恭的人，虽勤耕苦作，但生活还是一贫如洗。一年夏天，骄阳似火，地旱得冒烟，徐恭和妻子正在拧辘轳浇地。这时，一位骑马的官员路过这里，由于天气太热，路途遥远，官员口渴得厉害，一见到清水，立刻跳下马背，用手捧着水大口大口地喝起来。然后，又为马卸下兜囊，让马打个滚儿，痛痛快快地饮足了水，稍加休息，便又匆忙上马走了。官员走后很久，徐恭才突然发现官员的兜囊丢在了井旁边，他放下手中的活计，打开兜囊一看，吃了一惊，兜囊里装的不是别的，全是金银财宝。他从来没有见过这么多宝贝，连做梦也不曾想到有的东西，而今就捧在自己的手上，他的手不禁微微颤抖起来，然而，就在这时，一个丧魂落魄的面孔映在眼前——这不是那失主吗？他揉揉眼睛，幻影消失了，然而他的心再也平静不下来了。他停下镳铲，不浇地了。他担心妻子心直口快，守不住秘密，不能共商大事，因此婉言打发妻子回了家。妻子回家后，他拿起兜囊去追那位官员，然而一口气追出十里地，也没有见到那位官员的影子。他回来后，偷偷地将金银财宝埋藏起来，想以后再交还失主。这事做得非常秘密，绝无第二个人知晓。大约过了七八年，那位丢失钱财的官员再次骑马经过这里。徐恭一见，真是喜出望外，急步上前去挽留那官员歇脚、喝水，谁知道那官员却冷冷地拒绝道："你这个水喝不得，太贵了，真是太贵重了。"徐恭听出话里有话，便微微笑了笑。他领着官员来到埋藏地点，挖出了那些金银财宝，并把追踪还金的事说了一遍。这位官员看着失而复得的金银，心里非常感动，当即分给徐恭一半作为酬谢，但徐恭执意不收，官员只好拜谢离去。事后，那个官员为了感谢徐恭，便在井旁竖起了一块"徐恭归金记"碑。

从此，这眼井就被称为还金井了。

宋殿选审大砖

民国年间，在博野曾经有过一任非常廉明的清官，姓宋名殿选。他扶危济困，除暴安良，深得人们的爱戴。人们敬送他一个"老"字，称他为"老宋官"，有关他的传说很多。特别是他"审大砖"的故事，多少年来一直广为流传。

有一天，他到街上察访民情，见一个老农正在街中央哭泣。原来，这个老农是一个卖豆腐的，因家里穷，借来一些钱做了一条板豆腐，指望着赚点钱，换口饭吃，养活老母，可没想到被一块砖头绊倒了，一条板豆腐全烂了，连本钱都折了，老农因此伤心落泪。

老宋官心想，这怎么办呢？大砖是个死物又不能拿来问罪；老农呢，是个穷汉，是个安分守己、忠厚之人；自己呢，又是个叮当响的穷官，想周济他，又力不从心，置之不管，又于心不忍，这真是叫人左右为难呀！忽然，老宋官眉头一皱，计上心来。

他急忙上前拉住了那个卖豆腐的老农，说：“你不必心急，我自有办法。”

老农得到了安慰，也就不哭了。

老宋官回到衙门换上官服，即刻打鼓升堂。他传令捉拿大砖问罪，要公审大砖。全县人听说要审大砖，感到稀奇，纷纷前来观看。当听差们用绳索将大砖绑缚大堂时，后面瞧热闹看稀奇的人已经围了个里三层、外三层，风雨不透，水泄不通。

老宋官坐在大堂之上，将惊堂木一拍，开始审案了。他把大砖绊倒人的经过和卖豆腐人的家境说了一遍，然后喝令把大门锁上，说怕大砖跑掉。

听差的“咔嚓”一声，大门落了锁，看热闹的人想出去也出不去了。

这时，只见老宋官笑吟吟地冲人们打躬作揖，讲述了老农的遭遇，然后道：“各位父老兄弟，今天我给大家开了个玩笑，我不锁大门，砖也跑不了，我是怕大家跑了。今天就是把大砖判了死罪也没用。我是用审大砖的方法把大家请来帮我想想办法。我是个穷官，除了身上穿的、头上戴的一无所有，难道咱们就眼看着他们母子活活被饿死吗？我请大家帮他一把，愿意多出的多出，愿意少出的少出，实在不愿拿的也不强迫……”

老宋官这么一说，一下子把人们都说乐了。人们都知道老宋官的清廉，无不敬重。又见他今日如此为穷人谋事，更是感动，因此，无不响应。顷刻之间，盘子里堆满了能买三四条板豆腐的钱。

南陶墟进士胡同的传说

小店镇陶墟村进士胡同，见证清代马元文解决宅基地纠纷的轶事，是博野版“六尺巷”的故事。

马元文是清乾隆七年（1742）进士，曾任浪穹县知县。有一年，孝义河泛滥，陶墟村大部分房屋被冲毁淤埋。洪水过后清理宅基时，马、刘两家因为一堵墙基产生了纠纷。为此，马家给在中州做官的儿子马元文写了一封信，让他设法和刘家理论。马进士接信后思忖再三，提笔写了四句诗，差人骑马送回老家。马家打开儿子的信，但见信中写道：“千里捎书为一墙，让他三尺又何妨？万里长城今犹在，何见当年秦始皇？”马家读信后不再争那一墙之地，反而把自己的地基给对方让出三尺。刘家见中州来人，先是提心吊胆，后来得知马元文写信让家人让出墙基，刘家深受触动，将自己的宅基也让出了三尺。于是，两家中间的一堵墙变成了一条胡同，人称“进士胡同”。

中国民间文化遗产抢救工程
THE PROJECT TO CHINESE FOLK CULTURAL HERITAGES
SOS

博野物产丰富，不仅有独树一帜的美食，也有质量受到认可的工业产品。别具风格的特产与美食，不仅彰显了博野的特色，也凝聚了博野人民的智慧与匠心：珍视自然的馈赠，以有限的资源为平淡的生活增添色彩。

↓ 博野特产——柴胡

第七章
特产与美食

地方特产

沙窝、冯村大鸭梨

沙窝、冯村一带的梨园有近千年的历史，果品一直是村民收入的主要来源。这一带原为唐河和运粮河故道，土质特殊，地下水丰富，水质纯净，适宜果树生长。这里的鸭梨，个大皮薄，果肉汁多味香，口感清脆，细腻滑爽，远近驰名，20世纪70年代前后曾作为河北特产从天津口岸出口国外。

优质苗木

博野古来便有种树获利的传统。康熙年间《博野县志》记载："吾博土瘠民贫，惟种树之利溥。"博野县城西北部为古代滹沱河

↓ 梨园的红香酥梨

和唐河泛滥区，尤宜种树，以城东镇岗子上村为中心，辐射周围城东村、里村、许村、小南祝、八里庄等村，逐渐形成苗木种植集中区，成为博野县苗木产业的龙头。1958年，县政府在此建成国营第一苗圃场，树种以榆树为主。1964年苗圃场受到中共中央华北局表扬，被命名为“榆树之乡”。1993年，城东镇发展为北方最大的乔木集散地。如今这里苗圃相连，各种花卉苗木种植面积达12000亩，年产各类苗木花卉300余万株。

博野所产苗木树形好，易成活，适合北方生长。主要乔木为松、柏、国槐、香花槐、白蜡、银杏、法桐、椿树、合欢、栾树、柳树、榆树。彩叶树种有黄金槐、金丝柳、五角枫、金叶榆等。花木有近百种，如黄杨、女贞、连翘、丁香、卫矛、木槿、紫叶李、榆叶梅、碧桃、西府海棠、紫薇、樱花等。除此以外，博野还盛产柴胡等中草药。

↓ 彩叶苗木

梨王

古梨园的鸭梨

梨树王

博野岗子上苗木花卉基地

成行的枫树

彩叶苗木

花卉基地雪景

博通饼干

“博通”牌系列饼干以品质优秀、绿色健康、品种多样、口味纯正享誉全国。河北博通饼业有限公司位于北祝村，是北方最大、最重要的饼干生产企业之一，主营烘焙食品，涉及包装制造、农产品深加工等相关领域，主要生产酥性、韧性、发酵、薄脆、夹心等系列饼干，其中博通薄脆饼广受好评。

↑ 饼干生产线

↓ 博通饼干

橡胶输送带

↑ 耐热输送带

博野县橡胶输送带生产企业近百家，主要产品有钢丝绳芯输送带、阻燃输送带、耐热输送带、管状输送带、波状挡边输送带、分层织物芯输送带、钢丝螺旋网芯耐烧灼输送带等，以及由此延伸的产品如低滚动阻力输送带、直经直纬输送带、钢丝绳提升带、卫生带、聚酯螺旋网带、耐冲击输送带等。

工业水泵

↑ 工业用水泵

博野县工业水泵制造企业生产十几个系列、五百多种规格的渣浆泵、污水泵和清水泵。龙头企业河北通达泵业有限公司致力于高端工业水泵的研发、生产与销售，是国内专业制造高端工业用水泵的重点企业。

环保油漆涂料

博野县油漆化工业在20世纪90年代是河北省五十强特色产业、保定市十大特色经济之一。进入21世纪，博野县化工业开始转型升级，从民用向工矿罐器用环保型转型，逐步成为华北地区工业涂料产销基地。主营产品有醇酸、硝基、聚酯、聚氨酯、丙烯酸、环氧类以及新型环保水性漆、阻燃涂料等近百个品种。

EP 输送带

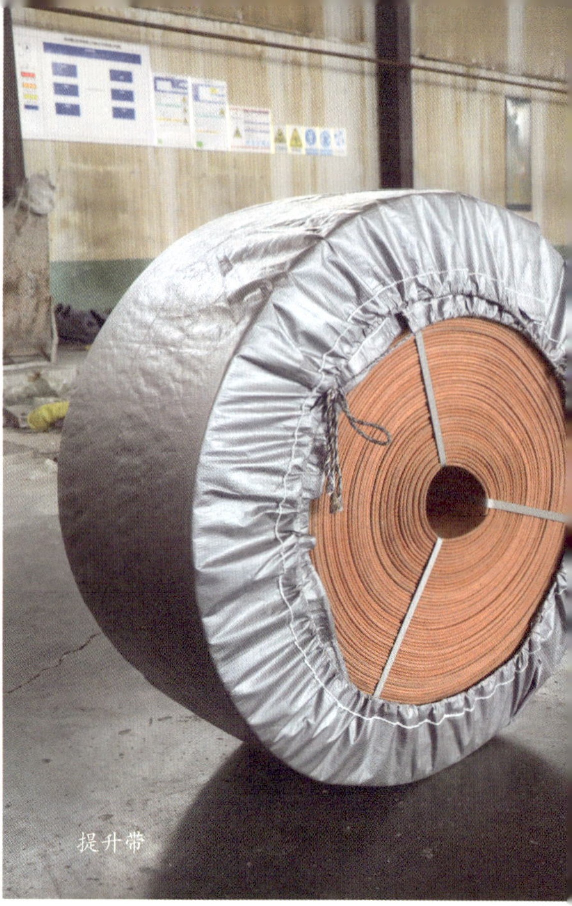
提升带

大倾角挡边输送带

安装好的工业水泵

工业用水泵

工业用水泵

地方美食

八大碗

博野旧俗招待贵客以八大碗。康熙年间《博野县志》记载“速客以八簋（guǐ），酌以大汁”，八簋就是八大碗，俗称扣碗。

八大碗讲究“四真四假”，其中方子肉、条子肉、鸡肉、喇嘛肉、肘子肉的食材为纯肉，任选其四，称“四真”。黄皮肉、白皮肉、酥卤饼子、丸子、团粉糕的主要食材为淀粉，皆有肉形而无肉实，任选其四，故称“四假”。四真四假，工艺各不相同。传统的八八席每桌坐八个人，所以，每个碗里主要的食材要切成八块。

方子肉宜选用肉膘肥厚的猪肉，条子肉宜用五花肉。选好的肉

↓ 博野八大碗

切成三寸左右的方形，老汤文火煮至七八分熟，捞出沥干，猪皮涂糖膏（熬制的糖稀或者蜂蜜加糖），入油锅烹至皮面酱红，取出备用；方子肉的肉方改刀成小方块，条子肉的肉方切成片，讲究皮似断非断，皮面朝下放入蒸碗。喇嘛肉的食材为上好的里脊肉，切细条，放入鸡蛋和面粉调成的糊里抓匀取出，入油锅炸至金黄出锅，装碗备用。肘子肉因其食材特殊，只需老汤煮熟切块装碗。鸡肉碗的食材为卤煮鸡，老汤卤好的鸡拎出沥干，取肥厚的肉改刀成块。食材准备好后，装入蒸碗入笼屉蒸，出锅时另拿一碗，顺势反扣到新碗，根据不同食材，浇上特制高汤或清汤。

“四假”的主料为淀粉，均需用老汤加入辅料调制。调制好的淀粉糊蒸熟即团粉糕。上锅蒸之前，表面涂蛋黄者熟后皮面金黄，叫黄皮肉；表面涂蛋清者熟后皮面雪白，称白皮肉。二者只是颜色不同，口感无异。调制好的淀粉加入肉末、豆腐、香菜等，团成饼蒸熟，即酥卤饼子。调制好的淀粉拌入肉馅和适量豆腐渣，做成丸，入油锅炸至金黄熟透出锅，即丸子。团粉糕、黄皮肉、白皮肉、酥卤饼子须改刀切片，改刀时讲究刀过而形状不变，为的是保持食材的原样，丸子直接装碗，上笼屉蒸，出屉时覆碗反扣、浇汁。

八大碗曾是婚宴上的主角，婚礼举行当日清晨，厨师早早地把食材改刀装碗上笼屉蒸，婚宴酒过三巡、菜过五味之后，八大碗才端上席。博野旧俗，赴宴的贵客要在上八大碗前特意给厨子倒一杯酒，由上菜的人转交给厨子，表示敬意。

马蹄烧饼

马蹄烧饼在博野有悠久的历史。清乾隆年间《博野县志》艺文卷收录赵用熙的诗《早赴村庄查赈》，其中写到马蹄烧饼。“烧饼三枚酒半瓯，冲寒还仗旧羊裘。焦劳敢惜披星起，疾苦重咨竟日留。场圃渐虚霜后草，秕糠难蓄岁前糇。疮痍至此将何极，一寸心添万斛愁。”赵用熙是浙江兰溪人，清雍正二年（1724）始任博野知县。

小店镇是博野马蹄烧饼的起源地。相传在明初的移民大潮中，山西洪洞一对魏姓年轻夫妇经过千里跋涉，定居在博野孝义河畔的小店村，在濒临渡口的地方支起了烤炉，依靠家传的烧饼手艺谋生，这就是小店的第一家烧饼铺子。六百多年时光荏苒，烧饼的工艺逐渐改良，烤炉演变为博野独有的吊炉，果木锯末成为固定的燃料，烤熟的烧饼呈马蹄状，故名“马蹄烧饼”。

↓ 马蹄烧饼

做烧饼的食材是面、芝麻、食用油。面要预先和好饧好，揉成长条，揪成一小团一小团的面疙瘩。放进烤炉前，用手掌将面团碾成一边厚一边薄的圆片，掌根稍稍挤压稍厚一侧，另一只手的手指一抹，面坯即成马蹄状。案板上密撒芝麻，沾水的面坯放在芝麻上轻轻一按，均匀地沾满芝麻，再将另一面倒贴在烤炉顶部。

烤具名曰吊炉，固定在一人来高的架子上，就像吊起来一样。吊炉里面是慢慢燃烧的锯末，烧饼就是这样烟熏火烤而成。烤制过程中，沾有芝麻的皮面自然下垂，薄薄的皮面烤得脆黄。烧饼出炉时，先用一把勺子接着，再拿小铲轻轻一铲，烧饼就轻轻落在勺里，然后把烧饼稍厚一侧的边缘用铲刀划开撑起，加入焖子、灌肠、驴肉、板肠、猪头肉食用。

“马蹄烧饼”皮面略黄，风味独特，外皮焦香酥脆，内里松软可口，味道混合了面香、芝麻香和特殊的锯末烟熏味。

小店驴肉烧饼

马蹄烧饼夹卤香驴肉，是博野县特色小吃。其起源地是小店镇的魏家烧饼铺。魏氏人家经过了几代人的努力，逐渐形成了固定的配方和烹制方法。一锅老汤加茴香、花椒、大料、葱、姜，以及其他秘制辅料。煮好的驴肉，得在老汤中焖好才能捞出，这样驴肉才得味。熟透的驴肉肉质嫩滑，酥软适口，不柴不腻，香味浓郁。

新出炉的马蹄烧饼夹入热乎乎的卤香驴肉，是博野最传统的吃法，俗称驴肉烧饼。小店是博野驴肉烧饼的发源地，故而小店的驴肉烧饼为正宗。2015年9月，中央电视台《生财有道》栏目组在小店拍摄驴肉烧饼专题片，小店驴肉烧饼成为央视上榜地方小吃。

↑ 驴肉烧饼

↑ 驴肉烧饼

卤水豆腐

↑ 卤水豆腐

卤水豆腐的原料是黄豆，经过浸泡、磨浆、沥浆、熬浆、点卤、沥汁成形，六道工序中任何一个步骤都要非常干净，哪怕一点点污染都易使豆腐发酵变酸。

卤水豆腐之名，源于早年冀中平原出产的卤水。古来冀中平原就有熬盐的传统，因为所熬之盐杂质较多，称小盐。卤水是熬小盐的副产品，用这种卤水才能点出口感上好的豆腐。

博野西北部的寺上村，家家户户都会做地道的卤水豆腐。因为人多地少的缘故，做豆腐成了早年间村民养家糊口的主要方式。村人对此总结了合辙押韵的俚语：“卖豆腐，赚渣子，熬得两眼像瞎子。卖豆腐，赚渣子，凑合养活一家子。”之所以能够养活一家子，除了微薄的利润之外，做豆腐的下脚料豆腐渣也可物尽其用。豆腐渣掺进面粉可做成干粮，或者用葱花爆炒一下，口感虽粗粝，而葱香豆香诱人，既可当菜佐餐，也可作为主食。

老豆腐

老豆腐和卤水豆腐只差了沥汁成形一道工序，点卤形成的豆花和清浆一起就是老豆腐，用蒜汁、韭菜花、辣椒调味，口感嫩而有物，清香中略有苦涩。

传统卖老豆腐有两种形式，一种是在大集设固定摊位，另一种

↑ 老豆腐

是手推车流动售卖，二者都用大砂锅温着老豆腐。流动售卖老豆腐的黄昏以后才会上街，有的敲梆子，有的吆喝“老豆腐”，尾音拖长平收。

20世纪80年代以前，老豆腐流行在县城西北部，县东南部以豆腐脑为主。之后老豆腐逐渐遍布博野城乡。

饸饹

博野的饸饹有红薯面和荞麦面两种。历史上博野县红薯的种植面积几乎达到全县耕地面积的一半，所以红薯面饸饹曾是博野家家户户的主食。虽然荞麦生长期短，无论旱涝，不挑土质，不挑农时，春种则夏收，夏种则秋收，但是因为产量低，博野地界荞麦的

↓ 饸饹

种植面积很小。只有其他粮食作物安不上苗的时候，才种荞麦。

做饸饹的工具是“饸饹床子”。早年的“饸饹床子”是木制的，像个粗笨的长凳，只是上面多了个压臂。粗圆木刨成长方体，两头安上支架，方木中间打通一个直径十几厘米的圆洞作为缸体，底面安一个满布细小圆孔的铁片，配一个相应大小的圆木塞做活塞，连在长长的压臂上，和好的面团放进圆孔，利用杠杆原理，压臂上的木塞压入圆孔，长长的饸饹面条就源源不断地从铁片的圆孔里挤出来了。现在老式饸饹床子都淘汰了，代之以不锈钢材质的电动饸饹床子，省时省力。

不管荞麦饸饹还是红薯饸饹，煮熟入碗之前，要在碗底衬上滚汤焯熟的豆芽，饸饹上加浇头，因为浇头不同，就有了“炸酱饸饹”“西红柿鸡蛋饸饹”“茄子肉丁饸饹”“蒜薹肉丝饸饹”“肥肠饸饹”等口味。

苦累

从前在博野，“苦累”是春天常见的吃食。当田野里的各种植物都冒出了新绿，柳叶、杨叶、榆钱、槐花以及各种野菜，掺上几把玉米糁子，拌匀蒸熟，就是“苦累”，既是干粮也当菜。博野西北一带，也称苦累为“疙瘩”，名字从“苦累”的形状而来。

↑ 苦累

改革开放以后，“苦累”进入

博野的大多数饭店，经过厨师的改良，苦累的滋味千差万别，却大受欢迎。究其原因，是因为“苦累”菜多面少，少糖少盐少脂肪，富含粗纤维和维生素，通便润燥，开胃清肠，绿色健康。

折饼

折饼是北方小吃，有的地方叫它耨耨，也有叫炉糕的。其原料主要是小米面。小米面用开水泼，搅成黏糊糊的面糊，待晾凉了加入酵母。发酵一天一夜，发好的面用碱水澥开，变成稀糊糊，用专用炊具——折饼锅子摊折饼。折饼锅子，直径大约二十厘米，形如饼铛，但中间凸起，边缘有沿儿且有盖。折饼锅子烧热，擦上油，舀一勺面糊从锅中间徐徐倒下，让面糊自然流淌下去，充满整个锅面，盖上盖子，大约半分钟后掀盖出锅。此时面糊鼓起，黄黄的表面有不均匀的气孔，中间薄边缘厚，紧实不粘手。出锅后用木铲将它对折一下，呈半月形，故名“折饼”。

扒糕

做扒糕的原料是荞麦面。荞麦，在博野叫“棱子”。自古以来，在博野，棱子是补种的品种。博野农谚说“头伏萝卜二伏菜，三伏就要种荞麦”，棱子下种的时间最迟不晚于三伏。

扒糕的制作工艺不复杂。取适量荞麦面，拌入适量五香面和食盐。锅里烧开水，把拌好的荞麦面倒进去，搅成黏乎乎的稀糊。边熬边搅，越熬越稠。大约熬半个小时，熬成灰褐色的膏，感觉搅动费劲时，停火出锅。趁热，手沾凉白开将熬成的膏拍成烧饼大小的圆饼，晾凉，扒糕就做好了。圆圆的扒糕切成棱形的窄条装盘。

↑ 折饼

↑ 扒糕

醋、蒜、芝麻香油、麻酱调成浓汁，盛在小碗里，用小竹叉子叉起扒糕，饱蘸浓汁食用。

小麻

小麻学名火麻，以前是潴龙河的河套地里常见的绿色植物。它的种子，曾是河东一带常见的小吃。小麻碾成面，做成疙瘩，上锅蒸熟，既当干粮也当菜。或者将辣椒与小麻干炒至微黄，待香味溢出装盘，就是一道口感和味道极特别的菜。或者干脆把炒熟的小麻装兜里当零食，随时就能掏出一小把放进嘴里。还可熬制小麻蔬菜汤，将小麻拍碎，装入纱袋，文火慢熬浓稠。出锅前，在浓浓的汤里加入蔬菜和佐料。长期食用，益寿延年。但是小麻含有特殊的物质，吃得过多容易引起头疼，所以只能佐餐，不能代替主食。

↓ 小麻

捻捻转儿

博野早年有句农谚，“臭树落花儿，一家半家儿”，说的是一种叫捻捻转儿的食物。每当椿树落花时节，田野里的大麦和小麦都灌起了浆，断粮的人家忍痛剪下青穗，做成捻捻转儿，聊以果腹。人们温饱以后，捻捻转儿渐成美味小吃。

↑ 捻捻转儿

剪下的青穗上锅翻炒，连皮带粒上磨推。两扇磨盘中间的轴上套上一个铜钱，随着石磨的转动，一片一片的薄面片儿源源不断地从石磨的缝隙里挤出来，自然卷起，俗称“捻捻转儿”；或者上碾子碾压，挤出来的薄片大小不一，形状不规则，俗名“歇地片”。二者统称捻捻转儿。红薯大规

↓ 捻捻转儿之歇地片

模种植的时代，红薯面做成窝头上锅蒸熟，揪成小块，碾成薄片，是另一种风味的“捻捻转儿”。

捻捻转儿食用时可佐以蒜汁、酱油、醋等调料。

秫面薄饼煎小鱼

秫面薄饼煎小鱼是博野东南部潴龙河一带的常见美食。

潴龙河两岸地势低洼，适合高粱生长。因为多水，小鱼小虾易得，秫面（即高粱面）和小鱼儿是现成的食材。烧开的水倒进秫面和成面团，擀成极薄的饼，大铁锅里烙熟；新鲜的小鱼儿洗干净，滚上些许面粉，上大铁锅煎熟。秫面薄饼卷上煎小鱼，风味独特。20世纪80年代以后，潴龙河的水慢慢减少、断流。口感更好的优质玉米取代了高粱。河里没鱼了，但是小鱼却源源不断地从白洋淀

↓ 秫面薄饼煎小鱼

运了过来。秫面薄饼煎小鱼也从农家的饭桌进入饭店，成为潴龙河一带的特色美食。

毛鸡蛋

孵化失败的蛋，俗称毛鸡蛋。蛋壳内有的已经孵化成形，有的刚刚有了点胚胎早期的形状。毛鸡蛋煮熟，剥壳沥汁，蘸以蒜姜醋汁，直接食用；或者将煮熟的毛鸡蛋用油炸一下，切片，放葱花爆炒，成为一道美味菜肴。

博野的毛鸡蛋主要集中在北祝村。暖房孵小鸡曾是北祝村的主要生意。20世纪之初，全村有暖房20个，孵出的小鸡数以万计，产生的毛鸡蛋自然数量可观。毛鸡蛋舍不得扔，暖房的主人就分给大伙儿吃。起初吃法简单，煮熟剥皮，蘸以佐料。后来厨师将煮熟

↓ 爆炒毛鸡蛋

的毛鸡蛋改刀爆炒，竟成美味。后偶有客来尝过，觉得味道不错，于是北祝的毛鸡蛋慢慢名声在外。

改革开放后，北祝孵小鸡的生意逐渐消失了，但是贩运小鸡的商贩却多了起来。本村的鸡贩子从外地的孵化场趸回孵化了一半的鸡蛋，再批发给各家饭店。以前只有孵化季节才有的毛鸡蛋，现在一年四季都有了。毛鸡蛋慢慢成了这一带饭店的招牌菜。

年糕

在博野，年糕是人们最喜爱的年节食物之一。做年糕的主要食材是黍子面。黍这种农作物，在古代文献中也叫“稷”，曾是古代北方的五谷之一。黍子，就是稷的种子。黍子面微黄，蒸出的年糕极黏，口感细滑糯软，吃在嘴里有一种特殊的香味。除了黍子面，还要放焖好的红小豆和红枣。为了增加甜度，还要放适量白糖。和黍子面要用开水。将放在大瓦盆里的黍子面中间挖出个坑，滚开的水倒进去，迅速将周围的干面攒起来盖好，焖一下，然后用筷子搅匀。这个过程叫泼面。然后掺入红小豆和红枣，将面和均匀。挖出一团面，拍成扁面团，均匀地码到锅里的箅子上，大火蒸熟。出锅时，满箅子的面团都柔软粘连，整个箅子上就是一大块年糕。稍微晾一下，用锅铲切成方块，一块块铲出来，晾凉，即是成形的年糕。

结语

博野作为历史文化名城，历史悠久，文化底蕴深厚。千年历史文化积淀，使博野这块沃土孕育了博陵崔氏、博野程氏这样历史上著名的望族，也产生了理学家程颐、程颢，实学思想家颜元这样深刻影响中国历史的扛鼎大家，使博野承具南有“二程”、北有颜元的文化遗风遗存。

然而，因为地处交通要道，历经天灾兵燹，甚至人祸，致使域内多数文化遗存圮坏，甚至消亡。博野县委、县政府一贯重视博野地域历史文化资源的挖掘和保护，但是，仍然有许多文化遗存亟待修复和保护，特别是近些年境内偷盗碑刻、盗掘古墓的活动猖獗，对残存的历史遗迹破坏严重，域内文化遗存仍需加大保护力度，加

↓ 博野公园

航拍博野公园

快修复历程。

现存的历史文化遗存如蠡吾故城遗址及其周边汉代古墓、城东蒋家大院遗址、散落在民间的古碑刻急需保护和修复。和博野的历史文脉息息相关的文化遗存更需恢复原貌，如北杨村颜习斋祠堂、程委二程夫子祠，二者代表了博野历史上两个重要的文化遗产，是博野文化的根本。

留住历史，才能开创未来。博野千年的文化遗存，是博野深厚的历史文化积淀的承载者，代表着博野特有的文脉传承，是宝贵的精神财富。

我们国家已经进入了一个崭新的时代。博野这个历史文化名城所孕育的灿烂文化，必如一艘航船，承载积淀千年的智慧，激发创新精神，以崭新姿态，乘风破浪，驶向美好的未来。

↓ 古梨园观光塔

参考文献

[1] 博野县地方志编纂委员会.博野县志[M].北京：新华出版社，1996.

[2] 博野县地方志编纂委员会.博野县志（1993—2010）[M].北京：九州出版社，2018.

[3] 陈山榜.颜元评传[M].北京：人民教育出版社，2004.

[4] 杜维明.仁与修身：儒家思想论集[M].北京：生活·读书·新知三联书店，2013.

[5] 渡边秀方.中国哲学史概论[M].刘侃元，译.太原：山西人民出版社，2015.

[6] 姜广辉.颜李学派[M].北京：中国社会科学出版社，1987.

[7] 王东杰.乡里的圣人：颜元与明清思想转型[M].南京：南京大学出版社，2021.

后记

我全面接触博野县地方文化，并深深地为之着迷，缘起于2010年5月参加《博野县志》第二轮修志工作。此后数年间，我与志同道合的师友走遍博野133个村庄，寻幽探古，搜集散存民间的文化资料，在史籍中寻找关于博野的蛛丝马迹，认真学习对博野影响深远的北宋理学家二程（程颐、程颢）、清代实学思想家颜元的著作，整理印行《博野吃》《博野县历代碑刻辑释》等书稿。这些工作为本书的编辑工作打下了良好的基础。

2017年5月，博野县委宣传部承担《中国历史文化名城·河北博野》的编辑工作。时任县委宣传部部长的杨康同志召开会议部署编辑工作，县委宣传部副部长兼文联主席孔繁浩同志策划具体事务，我受命组建编辑部。编辑部的各位师友通力合作，梳理资料，分类整理，于当年8月汇总为十几万字的草稿。为了弄清楚博野县的历史渊源，我和于铁江老师查阅历代地方志书、现存历史文献的相关记载，梳理出比较清晰的脉络。于铁江老师撰写《博野与博陵》一文，论证博野与博陵的关系。我撰写了《穿越时空话博陵》一文，探讨博野古县的渊源和博野古县城的历史变迁。不久，因岗位变动等原因，我参加博野县脱贫攻坚工作，编辑部解散。后来，省文联刘贤同志多次协调本书的进一步修改和出版工作，因为条件不成熟，一直耽延至2021年。

河北省民间文艺家协会郑一民主席非常关心《中国历史文化名城·河北博野》的编纂工作，他多方奔走，全力促成此书的出版。2021年七八月间，正值酷暑，省文联刘贤同志电话通知我务必赴石家庄，当面接受郑一民主席的工作部署。郑一民主席介绍了丛书的编纂和出版情况，详细询问博野卷在编辑工作中遇到的困难，并给予详细的指导。他嘱咐我要勇担重任，直面困难。在他的嘱托下，我下定决心一定完成任务，并向他保证一定不负所托。此时我在博野中学工作，业余时间完善史料、析疑辩难、搜集照片，每天忙碌到午夜才能休息。编辑过程中，书稿的框架多次调整，内容反复变动，删削补充，几次易稿，到了定稿时，俨然一副崭新的面孔。

在修改书稿的艰难历程中，县委副书记杨康、县委宣传部部长高东海、县委宣传部常务副部长孔繁浩、博野中学校长李荣玉等领导给予了极大的关心和支持。2022年我到县委办公室工作后，县

↓ 丰收的田野

委办公室主任郑永恒、县委办公室常务副主任温钊对书稿的编辑给予重要的支持和帮助。在反复修改书稿时，知识产权出版社的编辑同志给予我悉心指导和无私帮助，提出了很多重要的建议和要求。

回顾书稿的编纂过程，可以说，没有编辑部师友的艰苦工作，此书无法成稿。没有各位领导的关心和支持，编辑工作无法开展下去。谨对各位领导、师友表示感谢。特别致敬郑一民主席，他的帮助对此书的成稿和出版至关重要。

郑文林

2022年5月

↓ 山楂采摘

图书在版编目（CIP）数据

中国历史文化名城．河北博野 / 中国民间文艺家协会组织编写；潘鲁生，邱运华总主编．—北京：知识产权出版社，2022.9

（中国历史文化名城·名镇·名村丛书）

ISBN 978-7-5130-8252-5

Ⅰ．①中… Ⅱ．①中… ②潘… ③邱… Ⅲ．①博野县—概况 Ⅳ．①K928.5

中国版本图书馆CIP数据核字（2022）第129894号

责任编辑： 宋　云　赵　昱　　**责任校对：** 王　岩

装帧设计： 研美文化　　**责任印制：** 刘译文

中国历史文化名城·名镇·名村丛书

中国历史文化名城·河北博野

中国民间文艺家协会　组织编写

总 主 编　潘鲁生　邱运华

本卷主编　郑文林

出版发行：	知识产权出版社有限责任公司	**网　　址：**	http：//www.ipph.cn
社　　址：	北京市海淀区气象路50号院	**邮　　编：**	100081
责编电话：	010-82000860转8388/8128	**责编邮箱：**	songyun@cnipr.com/zhaoyu@cnipr.com
发行电话：	010-82000860转8101/8102	**发行传真：**	010-82000893/82005070/82000270
印　　刷：	天津市银博印刷集团有限公司	**经　　销：**	新华书店、各大网上书店及相关专业书店
开　　本：	720mm×1000mm　1/16	**印　　张：**	12
版　　次：	2022年9月第1版	**印　　次：**	2022年9月第1次印刷
字　　数：	150千字	**定　　价：**	80.00元

ISBN 978-7-5130-8252-5